Boris Vildé

Trost der Philosophie

Tagebuch und Briefe aus der Haft

Boris Vildé

# TROST DER PHILOSOPHIE

## Tagebuch und Briefe aus der Haft 1941/1942

Aus dem Französischen übersetzt, kommentiert und herausgegeben von Felix Philipp Ingold

Matthes & Seitz Berlin

## Einleitung
*von Felix Philipp Ingold*

### 1

In der Festung Mont-Valérien, einer Außenstelle des deutschen Militärgefängnisses von Fresnes bei Paris, wurden am 23. Februar 1942 sieben französische Staatsbürger nach fast einjähriger Untersuchungshaft und kurzer, eigens inszenierter Gerichtsverhandlung durch Erschießen hingerichtet. Das Wehrmachtgericht des Reichsdeutschen Besatzungskommandos von Groß-Paris hatte die Angeklagten – sie waren aufgrund einer Denunziation zusammen mit zehn weiteren Verdächtigen verhaftet worden – wegen »schwerster Vergehen« gegen die deutsche Armee und das deutsche Volk zum Tod sowie, darüber hinaus, zu zwei Jahren und sechs Monaten Zwangsarbeit verurteilt. Zu diesen Vergehen gehörte, neben Fluchthilfe und sonstigem Beistand für verfolgte Personen, die Herausgabe einer Informationsbroschüre, die unter dem Titel *»Résistance«* (Widerstand) im Rotaprintverfahren hergestellt, in kleiner Auflage privat verteilt, von der Okkupationsmacht aber – wörtlich – als »Fortsetzung des Kriegs gegen Deutschland« inkriminiert wurde. Die Broschüre (von der nur wenige Einzelexemplare in Umlauf kamen) ist eins der frühesten Dokumente der intellektuellen Opposition im besetzten Teil Frankreichs, ihr Titel ist zum Slogan, schließlich zum Synonym für die gesamte französische Widerstandsbewegung geworden und so auch in die Geschichte beziehungsweise die Geschichtsschreibung eingegangen.[1]

Den *pro forma* vor Gericht zugelassenen Anwälten der Beschuldigten war von Beginn an klar, dass sie faktisch »Leichen zu verteidigen« hatten. Mehrere Gnadengesuche und Sympathieerklärungen zugunsten der Verurteilten blieben trotz prominenter Unterstützung (etwa durch Georges Duhamel, André Mazon, Jean Paulhan) wirkungslos. Außer den Todesstrafen gegen die Hauptangeklagten verhängte das Gericht gegen deren Mitwisser und angebliche Mittäter mehrjährige Gefängnisstrafen; drei unter ihnen – Frauen allesamt – wurden zur Zwangsarbeit nach Deutschland deportiert.[2]

Mit dem Gerichtsfall, von dem hier die Rede ist, wurde die blutige Abrechnung der deutschen Besatzer mit der französischen Résistance eröffnet und gleichzeitig deutlich gemacht, wie man mit der oppositionellen einheimischen Intelligenz zu verfahren gedachte. Tatsächlich handelte es sich bei den Verurteilten vorwiegend um wissenschaftliche und administrative Mitarbeiter des Pariser Musée de l'Homme, das aufgrund seiner ethnologischen Forschungs- und Sammlungstätigkeit Weltruhm genoss, nun aber als ein Zentrum des geistigen Widerstands entdeckt war und öffentlich diskreditiert werden sollte. Das unverhältnismäßig harte Durchgreifen der deutschen Militärjustiz war – ebenso wie die gleichzeitig

1 Vgl. oben (»Annex«), S. 177ff.

2 Siehe dazu u.a. die Zeitzeugnisse von Agnès Humbert, *Notre guerre*, Paris 1946; André Weil (Curiel), *Le Temps de la honte*, I-III, Paris 1945-1947; Simone Martin (Chauffier), *À bientôt quand même*, Paris 1976.

erfolgten Massenexekutionen von Kriegsgeiseln – offenkundig auf Abschreckung angelegt, hat dieses Ziel jedoch, wie die nachfolgenden Aktivitäten der Résistance beweisen sollten, ebenso offenkundig verfehlt.

In Frankreich gilt die sogenannte »Affäre um das Musée de l'Homme« als beispielhaftes Initialereignis der geistigen Widerstandsbewegung gegen Wehrmacht und Gestapo. Bezeugt ist sie unter anderem in den Tagebüchern von Michel Leiris und André Gide, in Erinnerungsschriften von Jean Cassou, Jacques Soustelle sowie (auf deutscher Seite) von Ernst Roskothen, neuerdings auch verschiedentlich in Buchform dargestellt und archivalisch dokumentiert.[3]

Auf deutscher Seite scheint die »Affäre« bislang wenig Interesse gefunden zu haben, obwohl sie die Kriegsjustiz der Wehrmacht auf einzigartige Weise herausgefordert und dann auch zu ungewöhnlichen Reaktionen veranlasst hat. Tatsache ist, dass die mehrmonatige Untersuchung der »Affäre« keinerlei Fakten zutage förderte, welche ernsthaft als »schwerste Vergehen« der Angeklagten gegen die deutsche Armee und das deutsche Volk hätten ausgelegt werden können. Die Beschuldigten bekannten sich vorbehaltlos zu ihren Taten, bestritten aber jede Feindseligkeit gegenüber Deutschland, bekundeten vielmehr ihren Respekt vor der deutschen Kultur und betonten, dass ihr Engagement als französische Europäer sich an der Aufklärung orientiere und auch unter mi-

3 Siehe u.a. Martin Blumenson, *Le Réseau du Musée de l'Homme,* Paris 1976; Anne Hogenhuis, *Des savants dans la Résistance,* Paris 2009. Beide Publikationen enthalten weiterführende Literaturhinweise.

litärischer Okkupation allein auf die Durchsetzung von Wahrheit und Gerechtigkeit ausgerichtet sei. Ernst Jünger, der den Prozess als Besatzungsoffizier aus nächster Nähe beobachtete, notierte dazu in seinem Pariser Tagebuch kryptisch: »Tod. Es treten immer einige wenige über, die für das Leben zu vornehm sind. Sie suchen das Weiße, die Einsamkeit. Der Edelmut von Wesen, die sich mit Licht den Schmutz abwaschen ...«[4] Trotz vielfacher Kontakte zum Führungskreis der Wehrmacht in Paris wollte oder konnte Jünger auf den Prozessverlauf keinen Einfluss nehmen.

Für das deutsche Besatzungskommando wurde die »Affäre um das Musée de l'Homme« – nicht anders als die gleichzeitig aus Berlin befohlenen Massenerschießungen von Kriegsgeiseln – zum Prüfstein. Führende Repräsentanten des Reichs, unter ihnen der militärische Oberkommandierende Carl-Heinrich von Stülpnagel sowie Botschafter Otto Abetz, befürchteten nicht nur, der Prozess könnte den französischen Widerstand radikalisieren, sie waren sich auch bewusst, dass es sich bei den Angeklagten nicht um Terroristen, Saboteure oder auch bloß um »Agenten in englischem Dienst« handelte, sondern um jugendliche Idealisten und herausragende Intellektuelle. In der Absicht, die vorgefassten Todesurteile im letzten Moment doch noch zu verhindern, kontaktierte Stülpnagel telephonisch die Reichskanzlei, erhielt aber den kompromisslosen Befehl zur sofortigen Exekution aller Beschuldigten.

4 Ernst Jünger, *Strahlungen* (Das erste Pariser Tagebuch), I, München 1964, S. 110; Eintrag unter dem Datum der Exekutionen auf Mont-Valérien (23. Februar 1942).

Die Urteilsverkündung vom 17. Februar 1942 geriet denn auch in der Folge zur wohl ungewöhnlichsten Episode der deutschen Kriegsjustiz überhaupt. Statt wie sonst üblich die Angeklagten einzuschüchtern und zu erniedrigen, zelebrierte der Gerichtspräsident, Hauptmann Ernst Roskothen, ein gespenstisches Requiem, indem er die Angeklagten für ihre moralische und intellektuelle Kraft belobigte, sie als »gute Franzosen« herausstellte und seiner Hochachtung versicherte. Der Präsident ging so weit, die Denunziation, die zur Verhaftung geführt hatte, als Strafmilderungsgrund anzumahnen, ebenso die Tatsache, dass die Beschuldigten vor Gericht ohne Ausflüchte und mit großer Würde ausgesagt hätten. Auch unterließ er es nicht, einen ambivalenten Passus aus der Urteilsbegründung zu erwähnen, wonach es sich bei der inkriminierten okkupationskritischen Broschüre um ein »gut redigiertes« Organ handle, das »die Fakten sorgfältig zusammenführt und methodisch vorlegt«, ohne mit antideutschen Lügen oder Vorurteilen Stimmung zu machen. Gerade darin liege freilich die außerordentliche Gefährlichkeit der *»Résistance«* und mithin auch der Hauptgrund für die von der Anklage geforderten Todesurteile, die nun er, Roskothen, im Namen des deutschen Volkes zu fällen habe.

»Die Zeitschrift muss notwendigerweise einen Jeden begeistern, der die Okkupation [Frankreichs durch die deutsche Wehrmacht] ablehnt«, heißt es dazu in der (nicht veröffentlichten) Urteilsbegründung: »Das Gericht ist deshalb der Ansicht, dass die Leiter dieser Zeitschrift sich schuldig gemacht haben durch Handlungen zu Gunsten des Feindes und dass sie dafür zum

Tod verurteilt werden müssen gemäß Artikel 91 des deutschen Strafrechts.«[5] – Einem Augenzeugenbericht zufolge soll der Wehrmachthauptmann einem der Angeklagten nach dessen letztem Auftritt vor Gericht demonstrativ die Hand gedrückt haben. Eine Woche später wurden die Verurteilten im Beisein eines deutschen Feldpredigers erschossen; die Leichen verscharrte man vor Ort in einem anonymen Gemeinschaftsgrab.

## 2

Zu den Besonderheiten der »Affäre um das Musée de l'Homme« gehört nicht zuletzt die Tatsache, dass deren führender Protagonist und späterer Hauptangeklagter, Boris Vildé, als naturalisierter Russe in Frankreich lebte und dass er, seiner Herkunft zum Trotz, zu einem militanten Patrioten der Grande Nation werden konnte: Ein talentierter russischer Literat und Nachwuchsforscher, der auf fremdem Boden eine neue Heimat findet und schon wenige Jahre nach seiner Einbürgerung zum aktiven Vorkämpfer der nationalen Widerstandsbewegung gegen die übermächtige deutsche Okkupation wird – das ist tatsächlich eine ungewöhnliche Karriere, so ungewöhnlich und so ungewollt, wie sonst nur das vielberufene »Schicksal« es sein kann.

Dass Vildé, der 1943 von General Charles de Gaulle postum mit der Ehrenmedaille der Résistance ausgezeichnet wurde, nach Jahrzehnten der Vergessenheit

5 »Note sur l'Affaire Vildé et attendus du jugement« (*Archives Nationales*, F60, 1573, dossier no. 242, Affaire du Musée de l'Homme), hier zitiert und übersetzt nach Anne Hogenhuis, *a.a.O.* (Anm.[3]), S. 210.

noch einmal von sich reden machte und dass er heute – in Frankreich wie in Russland – als Lichtgestalt verehrt wird, ist auf die späte Veröffentlichung seines Gefängnistagebuchs zurückzuführen, das er 1941/1942 in mehrmonatiger Isolationshaft abfasste, bevor ihm und seinen Mitangeklagten aus dem Musée de l'Homme der Prozess gemacht wurde. Das in zwei französischen Druckfassungen und nun erstmals auch in deutscher Ausgabe vorliegende Tagebuch, kann mittlerweile als eins der frühesten und stärksten Zeugnisse aus jener Notzeit gelten.[6] Boris Vildé erweist sich darin nicht bloß als ein erbarmungslos scharfsinniger Analytiker seiner selbst, er gewinnt auch eine unverwechselbare Statur als eigensinniger Denker und leidenschaftlicher Lebenskünstler, derweil Hinweise auf zeitgeschichtliche Realien sowie auf Freunde und Kollegen fast völlig ausgeblendet bleiben.[7] Obwohl Vildé in seinen Tagebuchnotaten vorwiegend sich selbst beziehungsweise sein Ich zum Thema macht, gibt er – abgesehen von punktuellen Reminiszenzen oder Traumbildern aus seiner Kindheit – keinerlei Aufschluss über seine Her-

6 Der Erstdruck des Tagebuchs erfolgte in den *Cahiers de l'Institut d'histoire du temps présent* (IHTP/CNRS), Paris 1988; Buchausgabe: Boris Vildé, *Journal et lettres de prison* (1941-1942), hrsg. von François Bédarida, Paris 1997. In russischer Sprache liegt das Tagebuch vor u.d.T. *Dnevnik i pis'ma iz t'jurmy*, Moskva 2005.

7 Die redaktionellen Streichungen im Text und die Fortlassung dreier Briefe des Autors an seine Frau Irène Vildé Lot sind nicht politisch motiviert; vielmehr wollten (oder mussten) die französischen Herausgeber vermeintliche Indiskretionen Vildés bezüglich der ehelichen »Intimsphäre« vermeiden.

kunft und seinen Lebensgang. Da er als Person und als Autor in Deutschland noch immer nicht eingeführt ist, seien an dieser Stelle zumindest einige Eckdaten seiner Biographie festgehalten.[8]

Geboren wurde Boris Vildé am 8. Juli 1908 in Slawjanka (Gouvernement Petersburg) als Sohn eines Eisenbahnbeamten baltisch-deutscher Herkunft und einer russischen Bäuerin. Die Taufurkunde weist ihn unter dem Namen Boris Wladimirowitsch Wilde als Angehörigen der christlich-orthodoxen Staatskirche aus. Nach dem frühen Tod des Vaters wächst Vildé an der Seite seiner älteren Schwester bei der alleinerziehenden Mutter in deren Heimatdorf Jastrebino auf. Im Revolutionsjahr 1917 setzt sich die Familie nach Estland ab. Vildé absolviert in Tartu (deutsch Dorpat, russisch Jurjew) das Gymnasium, nimmt an der dortigen Universität ein naturwissenschaftliches Studium auf, das er aber 1927 abbrechen muss, da er wegen illegaler Grenzüberschreitung nach Sowjetrussland verhaftet und vorübergehend aus der Stadt verbannt wird – für ihn der willkommene Anlass, sich auf sein eigentliches Interesse, die Schriftstellerei, zu konzentrieren.

Unter dem bestimmenden Einfluss Rainer Maria Rilkes und des russischen Dichters Nikolaj Gumiljow

8 Hier nach der Kurzbiographie von R. Iljin, »Vil'de Boris Vladimirovič«, in: *Russkoe zarubež'e* (Pervaja tret' XX veka), Moskva 1997; vgl. dazu die erste Biographie Vildés in russischer Sprache von Rita Rajt-Kovaleva, *Čelovek iz Muzeja čeloveka* (Der Mensch aus dem Museum des Menschen), Moskva 1982; siehe auch Anne Hogenhuis, *a.a.O.* (Anm.[3]).

beginnt Vildé Gedichte zu schreiben, versucht sich als Erzähler und Publizist, verdient seinen Lebensunterhalt als Setzer in einer Tartuer Druckerei, bis er 1930 nach Deutschland ausreist, um sich dort definitiv als Autor zu etablieren. Er nimmt Wohnsitz in Berlin, wo er, ständig von der Wegweisung bedroht, als Bibliothekar ein kärgliches Auskommen, aber doch auch Mittel und Wege für einen »abenteuerlichen« Lebenswandel findet. Als Journalist bereist er Deutschland (Marburg, Köln usf.), in Weimar und Jena doziert er vor deutschem Publikum über russische Kultur, seine Identität verbirgt er hinter den Pseudonymen »Iwan Jastrebinskij« und »Boris Dikoj«.[9]

Über Vildés damalige Publikationstätigkeit gibt es bis heute nur wenige verlässliche Fakten. Doch kann man aus diversen dichterischen Texten sowie aus den Briefen an seine Mutter einiges über sein Selbstverständnis

9 Bei den Pseudonymen handelt es sich um »sprechende« Namen, mit denen Boris Vildé seine Person verbergen und zugleich seine Persönlichkeit herausstellen wollte: »jastreb« (zu Jastrebinskij) steht im Russischen für Habicht, Falke, Sperber, verweist mithin auf die Qualitäten eines Raubvogels (Aggressivität, Umsicht, Zielsicherheit, Selbstständigkeit, Stolz u.ä.), kann aber auch als Anspielung auf den Heimatort von Vildés Mutter (Jastrebino) verstanden werden. »Dikoj« ist eine verballhornte Entsprechung zu russisch »dikij« (wild, primitiv) und mithin die wörtliche Übersetzung seines Familiennamens Wild(e). Die beiden Pseudonyme machen jedenfalls deutlich, dass sich Boris Vildé, der Kopf- und Büchermensch, gern auch in der Rolle eines »Naturburschen«, eines Praktikers, eines Kämpfers gesehen hat – eine Spannung, die für ihn zeitlebens akut geblieben und noch in seinem Gefängnistagebuch zum Thema geworden ist.

als Autor erfahren.[10] Dabei fällt auf, dass er als Fünfundzwanzig- bis Dreißigjähriger sich seiner selbst noch keineswegs sicher ist; dass er sich noch immer nicht klar entscheiden kann, ein Mann des Worts oder ein Mann der Tat sein zu wollen – klar ist ihm nur, dass ihn das Leben zum »Abenteurer« bestimmt hat. Besonders aufschlussreich ist in diesem Zusammenhang ein vom Frühjahr 1928 datiertes Sonett (in russischer Sprache) mit dem Titel *Pro domo sua*, in dem Vildé seiner Liebe zur Poesie (Vergil, Puschkin) Ausdruck gibt, wobei er deren Werke mit Rosen vergleicht, die »ein Licht von anderwärts« verströmten. Gleichzeitig fragt er sich, was er denn selbst zur Dichtung noch beitragen könnte, da ihm der dazu notwendige sprachliche Schmelz und Glanz doch völlig fehle: »Werde ich in der Dichterzunft ein Monster sein? | Oder womöglich überhaupt gar kein Dichter?« Denn: »Ich bin anders, ich erbitte von den Göttern nichts, | Und für mich ist die Poesie eine Fabrik – keine Kirche.« Noch lieber sieht er sich dann aber doch als einen Menschen der Tat, »aus Stahl geschmiedet« und unempfindlich für »die aus Inspiration geborenen Genüsse«; so bleibt sein Selbstgefühl in der Schwebe: »Ein Dichter bin ich nicht – wer also dann? Ich weiß es nicht.«[11]

Die Ungewissheit bezüglich seiner selbst wie auch seiner Wünsche und Möglichkeiten hat Vildé nie zu

10 Siehe dazu Vildés Familienkorrespondenz (mit Kommentar) in *Baltijskij archiv*, III (Tallinn 1997); Briefauszüge und Gedichte (in französischer Übersetzung) finden sich bei Anne Hogenhuis, *a.a.O.* (Anm.[3]).

11 Hier zitiert und übersetzt nach Anne Hogenhuis, *a.a.O.* (Anm.[3]), S. 21f.

überwinden vermocht; sein ebenso unsteter wie riskanter Lebensgang, sein ebenso widersprüchliches wie radikales Denken bezeugen, wie »verbissen« (*têtu* – sein Ausdruck) er darum gekämpft hat, sich über sein Ich Klarheit zu verschaffen. Zu diesem lebenslangen Ringen um Selbsterkenntnis steht Vildés bisweilen theatralisch wirkende Selbstdarstellung in auffallendem Kontrast. Denn stets war ihm daran gelegen, sich mit einer geheimnisvollen Aura zu umgeben, sich eher als Typ (Bohemien, Abenteurer, Pionier, Musterschüler u.ä.m.) denn als Person zu präsentieren, und bewusst ließ er auch gegenüber engsten Bekannten seine Herkunft und seine Vita im Dunkeln. So weiß man zwar von seinen proletarischen Sympathien, nicht aber, in welchem Verhältnis er zum Bolschewismus stand – ob er in Estland (wo man ihn aus »politischen« Gründen strafrechtlich verfolgte) und in Deutschland (wo er als politischer Agitator auffiel) für sowjetische Dienste arbeitete, ist ebenso unklar, wie die Frage, ob er daran dachte, nach Sowjetrussland zurückzukehren – und warum.[12]

12 Dass ausgerechnet ein deutsches Kriegsgericht als einzige Instanz unzweideutig (wohl auf Grund von Verhörprotokollen) festgehalten hat, Boris Vildé sei »dem Kommunismus feindlich« gesinnt, gehört zu den ironischen Momenten seines an paradoxen Merkwürdigkeiten reichen Prozesses; denn auch dieser Hinweis war eher darauf angelegt, Vildé zu entlasten – als Sympathisant des Sowjetkommunismus oder der KPF hätte er dem antifaschistischen Lager der »Bolschewisten« zugeordnet werden müssen, was ihn naturgemäß zusätzlich belastet hätte. Siehe dazu die »Notiz zur Affäre Vildé« des deutschen Militärtribunals von Groß-Paris (17.02.1942), abgedruckt bei Anne Hogenhuis, *a.a.O.* (Anm.[3]), S. 209-211.

Das einzige, worüber es niemals Zweifel gab und was von unterschiedlichen Zeitzeugen, Frauen wie Männern, bestätigt wird, ist Vildés ungewöhnliche physische Attraktivität. Übereinstimmend wird er als faszinierende, bisweilen gar »göttliche« Erscheinung geschildert, als ein »Wikinger« mit blondem Haar und blauen Augen, als ein unwiderstehlicher Verführer, der alle Register zwischen Zärtlichkeit und packendem Zugriff beherrscht und auch genutzt habe.

Im Unterschied zur Mehrheit seiner exilrussischen Landsleute in Berlin gab sich Boris Vildé schon früh als militanter Gegner des aufkommenden Nationalsozialismus zu erkennen. Obwohl er die deutsche Sprache nahezu perfekt beherrschte und sich der deutschen Kultur zutiefst verbunden fühlte, war für ihn doch offenkundig – die Briefe an die Mutter belegen es – schon immer Frankreich als zweite, als »geistige« Heimat das Land seiner Wahl. In Frankreich wollte er sich niederlassen, um dort eine neue Existenz im Bereich der »Lettern« – Literatur, Geisteswissenschaften, Philosophie – zu begründen. Dieser Wunsch ging schließlich in Erfüllung, als Vildé 1932 den Schriftsteller André Gide kennenlernte, der sich damals des Öfteren in Berlin aufhielt. Der international bekannte Autor scheint von dem jungen, sehr eloquenten und charmanten Russen beeindruckt gewesen zu sein, jedenfalls ist bezeugt, dass er ihn für einen Mann »mit Köpfchen« und mit Zukunft hielt. Und mehr als dies: Gide lud Vildé umstandslos nach Paris ein, stellte ihm in seinem Stadthaus an der rue Vaneau ein Zimmer zur Verfügung, überließ ihm sogar einen seiner eleganten Anzüge und verhalf ihm damit unversehens zu einem gleichsam theatralischen Auftritt, der zugleich ein bemerkenswerter gesellschaftlicher Aufstieg war.[13]

Rasch integrierte sich Vildé nun in exilrussischen Kreisen, machte nicht nur als Literat, sondern auch als Dandy und Salonlöwe auf sich aufmerksam. Man kannte und schätzte ihn als habitué des »russischen Montparnasse«, als Publizisten, als Übersetzer und als einen der ersten Vermittler Rilkes und Georges in russischer Sprache. Als er dank einer Empfehlung durch André Gide und der Unterstützung durch den französisch-russischen Ethnologen Anatole Lewitsky Anfang 1933 eine Assistentenstelle beim renommierten Musée d'Éthnographie (ab 1937 Musée de l'Homme) erhielt, konnte er sich in Paris bereits »daheim« fühlen und begann auch gleich – bei offenbar problemlosem Verzicht auf weitere literarische Arbeit – seine staunenswerte Karriere als Folklorist und Ethnolinguist. In kürzester Frist erwarb er drei Hochschulzertifikate sowie, 1937 an der Sorbonne, ein Lizentiat in Germanistik; an der Nationalen Schule für Orientalische Sprachen (ENLOV) absolvierte er Kurse in baltischer Philologie, lernte Japanisch, soll sich auch mit Sinologie und Indologie befasst haben.

13 In seiner späten Erinnerungsschrift »Also sei es oder Das Spiel ist aus« (Ainsi soit-il ou Les jeux sont faits) erweist André Gide seinem Schützling auf anrührende Weise Reverenz; er beschreibt ihn als einen betont diskreten Menschen, dem er »die heroische Rolle« nicht habe ansehen können, die er später in der Résistance spielen würde (*Journal 1939-1949*, Paris 1954, S. 1234): »Ich verneige mich respektvoll vor dieser sehr edlen Gestalt. Wer ihn [Vildé] gekannt hat, behält für diesen Märtyrer eine Art von Verehrung.«

So eindrücklich dieser kurzfristige und vielseitige Wissenserwerb sein mag, als ein reguläres wissenschaftliches Studium wird man ihn nicht bezeichnen wollen. Dennoch wurde Vildé in der Folge von der Museumsleitung mit dem Aufbau einer »arktischen« und einer »finno-ugrischen« Abteilung betraut und später zu Feldforschungen nach Estland (1937) und Finnland (1939) entsandt. Allein dadurch – ein Buch hat er nie vorgelegt und auch keine »Staatsthese« verteidigt – erwarb er sich den Ruf eines brillanten Jungakademikers. »Überall, wo Boris Vildé studiert hat, vermittelte er seinen Lehrern den Eindruck einer außergewöhnlich begabten Persönlichkeit, eines reifen Geistes mit genauer Kenntnis der wissenschaftlichen Probleme, die sich dem Linguisten und Ethnographen heute namentlich im finno-ugrischen Bereich stellen. Seine Lehrer halten ihn für das kostbarste Nachwuchstalent auf diesem in Frankreich noch kaum erforschten Gebiet und setzen große Hoffnungen in ihn.« So lautet die Einschätzung Vildés durch ein Kollektiv von Universitätsgelehrten, die sich noch im Januar 1942 beim französischen Erziehungsminister für ihn einsetzten, seine Hinrichtung aber nicht mehr abwenden konnten.[14]

Boris Vildés soziale Etablierung in Paris wurde zusätzlich gefestigt durch seine Heirat mit Irène Lot, der ältesten Tochter des Mediävisten Ferdinand Lot und der russischen Religionshistorikerin Mirra Borodina (Myrrha Lot Borodine), im Sommer 1934. Der mittellose

14 Zitiert und übersetzt nach Anne Hogenhuis, *a.a.O.* (Anm.[3]), S. 203f.

Immigrant mit provinziellem Familienhintergrund stieg damit ins Pariser Großbürgertum auf und fand, gleichsam über Nacht, Zugang zu dessen kulturellen Werten und zu materiellem Reichtum. Vildé, der »Nomade« und »Abenteurer«, scheint damit gut zurechtgekommen zu sein, und standesgemäß hielt er sich denn auch an die Usanzen seiner neuen »Familie«, unter anderem daran, seine Ehefrau konsequent zu siezen. Zwei Jahre nach der Verheiratung erhielt er zudem die französische Staatsbürgerschaft und war mithin vollends arriviert.

Offiziell hieß er nun »Vildé« (für *Wilde*), er sprach und schrieb fortan fast ausschließlich französisch, fühlte sich durch und durch als Franzose, entwickelte sich auch bald – vorab unter dem Eindruck der wachsenden »deutschen Gefahr« – zu einem engagierten Patrioten. Als solcher trat er im Frühjahr 1940 (statt sich auf eine weitere, längst geplante Expedition ins Baltikum zu begeben) seinen Kriegsdienst an, wurde mit seiner Einheit nach Lothringen an die Front geschickt, geriet mit einer schweren Verwundung rasch in Gefangenschaft, konnte aber fliehen und gelangte über Hunderte von Kilometern zu Fuß nach Paris zurück. An seine Frau hatte er zuvor per Feldpost geschrieben: »Mein Frankreich, für das ich in den Krieg gezogen bin [...], ist für mich nicht bloß ein Land, eine Nation. Frankreich, das sind Ideale, die der gesamten Menschheit zugehören.«[15]

Diesen Idealen diente Boris Vildé nun als Angehöriger und bald auch als führender Organisator der fran-

15 Hier zitiert und (aus dem Russischen) übersetzt nach R. Iljin, *a.a.O.* (Anm.[8]), S. 148.

zösischen Widerstandsbewegung, zu deren landesweiter und auch internationaler Vernetzung er wesentlich beitrug. Im Musée de l'Homme bildete er zusammen mit Anatole Lewitsky eine antifaschistische Arbeits- und Aktionsgruppe, die einerseits für den Stab der »France libre« Informationen über deutsche Truppenbewegungen und Besatzungsmaßnahmen sammelte, andererseits gefährdete Einzelpersonen oder aktive Widerstandsagenten in die damals noch »freien« Zonen Frankreichs verbrachte. – Seine publizistische Erfahrung setzte Vildé federführend ein als Mitbegründer, Mitherausgeber und Leitartikler der »*Résistance*«, jener kleinformatigen Flugschrift, zu der seine Arbeitskollegin Yvonne Oddon den weithin bekannt gewordenen Titel beitrug und deren erste Lieferung vom 15. Dezember 1940 er mit einem einprägsamen Aufruf zum nationalen Widerstand gegen die Besatzungsmacht begleitete.[16]

Dieser Aufruf wurde im Prozess gegen das »Netzwerk vom Musée de l'Homme« zum Hauptpunkt der Anklage gegen Boris Vildé, nachdem diverse andere Beschuldigungen (Spionage für Großbritannien, Aufruf zur Gewaltanwendung u.a.m.) hatten fallengelassen werden müssen; gleichwohl vermochte weder das Gericht noch die Verteidigung, das vorab in Berlin beschlossene Verdikt abzuwenden – die Todesurteile mussten verhängt, die Hinrichtungen »unverzüglich« vollzogen werden. In einem geheimen, vom 18. Februar 1942 datierten Prozessbericht des deutschen

16 Siehe den vollständigen Text des Editorials oben, S. 177ff.

Wehrmachtkommandanten von Groß-Paris an den Generaldelegierten der französischen Regierung heißt es zusammenfassend: »Es ist also festzuhalten, dass ›*La Résistance*‹, besonders in den beiden ersten Nummern, der Besatzungsarmee oder Deutschland keinerlei wie auch immer gearteten Schaden zugefügt hat. Der [deutsche] Regierungskommissar hat dies *expressis verbis* anerkannt.« Das hätte durchaus die Begründung für einen Freispruch sein können, doch es war die unausweichliche, wiewohl logisch und juristisch absurde Schlussfolgerung aus einem von höchster reichsdeutscher Stelle angeordneten Gerichtsverfahren, dessen Ausgang – Todesurteil für die Hauptangeklagten und also auch für Boris Vildé – von vornherein feststand.[17]

Dies war auch dem Präsidenten des deutschen Kriegsgerichts klar, als er in der Verhandlung gegen Vildé ausdrücklich festhielt, dieser sei von der Anklage »als ein aufrechter, tapferer und ernsthafter Mensch«

17 »Lettre du Commandant militaire allemand au délégué général du gouvernement français dans les territoires occupés« (*Archives Nationales,* Affaire du Musée de l'Homme), abgedruckt *a.a.O.* (Anm.[5]), S. 205ff. – Die ambivalenten deutschen Sympathien für die Angeklagten aus dem »Netzwerk des Musée de l'Homme« wurden auf französischer Seite durch eine Rufmordkampagne der rechtsradikalen Zeitschrift *Le Pilori* konterkariert, die am 13. November 1941 das Musée de l'Homme nicht nur als wissenschaftliche Institution verunglimpfte, sondern auch als Zentrum einer »jüdisch freimaurerischen« Verschwörung (Nachdruck des Kampfartikels in Les Cahiers de l'IHTP, *a.a.O.,* Anm.[6], S. 138ff.); B.V. selbst hat im Gefängnis von dieser öffentlichen Verunglimpfung erfahren und unter dem Datum des 18. November in seinem Tagebuch darauf reagiert.

erkannt worden: »Es ist eine Ehre für Frankreich, diesen Mann für sich begeistert zu haben, und es ist eine Ehre für Vildé, die Gelegenheit bekommen zu haben, seine Wahlheimat Frankreich so zu verteidigen, wie er es getan hat.«[18] Auf derart respektvolle Weise ist Boris Vildé – die Ironie könnte bitterer nicht sein – erst postum wieder gewürdigt worden, als ihm am 3. November 1943 die Ehrenmedaille der französischen Résistance zugesprochen wurde: »Nach seiner Verhaftung durch die Gestapo und bei seiner Verurteilung zum Tod gab er vor Gericht und im Kugelhagel seiner Henker mit seiner Haltung ein Beispiel von Tapferkeit und Selbstentsagung.«[19]

## 3

»Tapferkeit und Selbstentsagung« – das sind die vorrangigen Eigenschaften, die man gemeinhin dem Helden, wohl auch dem Märtyrer zuspricht. Beides, Märtyrertum wie Heldenhaftigkeit, hat Boris Vildé bewusst und willentlich angestrebt, hat es gleichermaßen als Mann der Tat und als Mann des Worts erprobt, hat es fusioniert zu der ihm eigenen widersprüchlichen Haltung eines demütigen Willensmenschen, der stets auch ein asketischer Sinnenmensch war. Die Kontur dieser – seiner – Persönlichkeit möglichst präzise festzuhalten und sich über deren Status Klarheit zu verschaffen, das war Vildés vorrangiges Interesse, als er sich in der

18 Siehe oben, *a.a.O.* (Anm.[5]), S. 210.
19 Hier zitiert und (aus dem Russischen) übersetzt nach R. Iljin, *a.a.O.* (Anm.[8]), S. 148.

Isolationshaft daran machte, ein Notiz- und Tagebuch zu führen. Er tat es mit zunehmender Regelmäßigkeit und Abgeklärtheit zwischen Juni 1941 und Januar 1942, wobei er nie daran zweifelte, dass ihm die Hinrichtung (das heißt genauer und zugleich allgemeiner: der Tod) bevorstand.

Den Tod erwähnt Vildé schon in seiner zweiten Notiz am 30. Juni mit dem Hinweis darauf, dass der Mensch mit zunehmendem Alter seinen kindlichen Glauben an die Unsterblichkeit verliere und schließlich nur noch mit der Angst vor dem eigenen Tod sein Restleben verbringe; und der letzte Eintrag vom 6. Januar 1942 lautet: »Der Tod. Ich habe weder Angst noch Verachtung. Die Liebe. Den Tod besiegen heißt ihn lieben.« Dass der Tod generell (und gerade für einen auf seine Hinrichtung wartenden Häftling) zum »Allerwichtigsten« gehört, über das man nachzudenken hat, versteht sich von selbst; dass man dies aber angstfrei und ohne jedes Ressentiment durchhält, ist alles andere als selbstverständlich. – Einen Monat vor seiner Exekution notiert Vildé einen gereimten Vierzeiler, in dem Trotz und Resignation eine wiederum paradoxale Verbindung eingehen:

> Wie immer bin ich ungerührt
> Und ganz schön tapfer (ohne Not)
> Bald werd ich von den Deutschen abgeführt
> *Und zwölf Gewehre geben mir den Tod.*

Dass Vildé ansonsten in seinen Aufzeichnungen keine Interna des Gefängnislebens und auch so gut wie keine zeitgeschichtlichen Ereignisse anspricht, hat sicherlich mit seiner prekären Situation als Isolationshäftling zu tun. Ihm musste klar sein, dass seine Papiere jederzeit beschlagnahmt und gegen ihn verwendet werden konnten. Dass er sich deshalb der Kritik am Gefängnisregime und vollends an der deutschen Besatzungsmacht weitgehend enthält, ist leicht nachvollziehbar; weniger leicht versteht man indes – von seiner Hochachtung für die deutsche Kultur abgesehen – das an Sympathie grenzende Verständnis, die der Gefangene seinen Bewachern, Anklägern und Richtern entgegenbringt. Am Tag seiner Hinrichtung schreibt er an Irène: »Unser Tod darf kein Vorwand sein für einen Hass auf Deutschland. Ich hatte für Frankreich gehandelt, und nicht gegen die Deutschen. Sie erfüllen ihre Aufgabe, wie wir die unsere erfüllt haben.«

Gewiss darf man diese und ähnliche Feststellungen als Belege für Vildés abgeklärten Großmut werten, derweil ein einziger anderer Tagebuchpassus Anlass zu kritischer Nachfrage gibt. Da heißt es (am 11. August 1941): »Ziemlich langes Gespräch mit dem Adjudanten, der völlig in Ordnung ist. Wie auch der neue Unter-Off. der Abteilung (Ersterer kommt aus Ostpreußen, der andere aus dem Rheinland). Ihr Nationalsozialismus ist voller Idealismus und tatsächlich ansteckend. An sich (sehen wir ab von unserem eigenen Schicksal) ist Hitler das positive Genie und arbeitet als solches für die Zukunft, wiewohl sein Vorgehen leidvoll ist.« Diese nur schwach relativierte Belobigung Adolf Hitlers und des Nationalsozialismus wie auch Vildés Rapport über seinen geradezu freundschaftlichen Umgang mit dem Gefängnispersonal könnten (gerade wegen ihrer Singularität) schockierend wirken und sind jedenfalls im Kontext des Tagebuchs kaum verständlich zu machen;[20] es sei denn, man wäre bereit, die Aussage auf den generellen Hang des Autors zur Paradoxie zurückzuführen. Nationalsozialismus und Reichsführer als Komponenten eines bloßen Gedankenspiels – das wäre doch aber in der hier festgehaltenen Gefängnissituation eher ein obszönes denn ein spielerisches Unterfangen. Bleibt die Überlegung, ob Vildé an dieser Stelle vielleicht an die Gefängniszensur gedacht, sich womöglich vorgestellt hat, dass ihn als Angeklagten eine von den Deutschen entdeckte Aufzeichnung dieser Art allenfalls hätte entlasten können.

Wie dem auch sei – für Boris Vildés Handeln und Denken war das Paradoxon nicht nur der wesentliche Impulsgeber, sondern tatsächlich der bestimmende Spielzug, mit dem er den Ernst des Lebens zu meistern suchte. Statt den Tod, wie allgemein üblich, zu fürchten und zu hassen, um ihm dann doch unweigerlich zu unterliegen, entschließt sich Vildé, ihn genau so wie das

20 Eine ähnlich problematische Notiz zur Einschätzung des Nationalsozialismus und dessen Exterminationsprogramms findet sich im Tagebuch von Michel Leiris, einem namhaften Kollegen B.V's aus dem Musée de l'Homme, der in einem Eintrag vom 29. September 1945 den Rassismus, die Eugenik und selbst die Euthanasie der Nationalsozialisten für ethisch vertretbar hält und bloß deren »erbarmungslose« und »positiv barbarische« Umsetzung bedenklich findet (*Journal 1922-1989*, Paris 1992, S. 419f.); trotz mehrfacher Erwähnung der Affäre um das Musée de l'Homme findet Leiris für seine damaligen Kollegen kein Wort des Bedauerns oder gar der Solidarität.

Leben zu lieben; also wünscht er ihn sich, und indem er ihn annimmt, um sein Leben »ewig« zu machen, hofft er ihn überwinden zu können. Dass für Vildé auch der Freitod eine Option ist, versteht sich mithin fast von selbst: »Wiewohl ich doch das Leben liebe. Gott, wie sehr ich's liebe!« schreibt er am 21. Oktober 1941. »Aber vor dem Sterben hab ich keine Angst. Erschossen zu werden, das wird gewissermaßen das logische Ende meines Lebens gewesen sein. In Schönheit enden. Jeder bringt sich auf seine Weise um.«

In Vildés Gefängnistagebuch kehren alogische oder gar widersinnige, gleichsam in sich selbst verschlaufte Gedankenfiguren vielfach und in wechselnden anderen thematischen Zusammenhängen wieder, wobei oftmals das verbindende »und« mit dem trennenden »aber« ineins gesetzt und die propere Dialektik von »entweder/oder« im »sowohl/als auch« aufgehoben wird. Charakteristisch dafür ist außerdem der häufige Einsatz von Klammerausdrücken zur Relativierung oder Dementierung bereits getroffener Aussagen, aber auch Ausdrücke wie »übrigens«, »umgekehrt«, »ja/aber«, »und im Gegenteil« oder der besonders oft wiederholte Zusatz: »hat keine Bedeutung«. – So gerät dem Autor denn auch manche paradoxale Formulierung unversehens zum Aphorismus und gewinnt damit einen Wahrheitsgehalt, der über bloße Richtigkeit weit hinausreicht. Etwa hier: »Liebe kann nicht unmoralisch sein, weil sie die Moral überbietet.« Oder da: »Sich selbst zu opfern, ist leicht. Man muss die andern opfern können.« Und auch: »Die Hoffnung hat mit der Liebe nichts zu schaffen. Eher schon die Verzweiflung. Wer die Liebe kennt, kann in Verzweiflung geraten. Und *vice versa.*« *Vice versa* – was für andere ein gedanklicher Leerlauf sein mag, nämlich *das Eine wie das Andere* und *das Eine als das Andere* gelten zu lassen, das ist für Vildé fast schon ein Wahrheitsbeweis: Was sowohl falsch wie auch richtig sein kann, kommt der Wahrheit am nächsten.

Die Wahrheit, die Liebe, der Sinn des Lebens, Zeit und Ewigkeit, Ich, Gott, der Tod – in diesen Begriffen und Problemen konkretisiert sich für Vildé das »Allerwichtigste«, und er scheut keine Anstrengung, dem »Allerwichtigsten« trotz widrigster Umstände auf den Grund zu gehen, es in vielen Varianten anzudenken und auszuformulieren. Mit der Größe des Unterfangens stehen allerdings die prekären Bedingungen der Einzelhaft in scharfem Kontrast. Der Tagebuchschreiber weiß um die Gefängniszensur und ist durch dieses Wissen in seiner Ausdrucksfreiheit eingeschränkt; auch muss er sich mit massiven praktischen Behinderungen abfinden: Das Schreibpapier ist rationiert, ebenso das elektrische Licht; Hunger, Kälte, Feuchtigkeit machen den Aufenthalt in der Einzelzelle zur permanenten Qual; die Beschaffung von passender Lektüre wird durch strenge Regulierung erschwert – in der Gefängnisbibliothek gibt es fast nur Trivialliteratur, Vildés Bücherwünsche können von seiner Frau Irène oder seiner Schwägerin Éveline durch gelegentliche Paketsendungen nur unvollkommen erfüllt werden.

Noch im September 1941 legt der Gefangene in einem Brief an Irène hochgemut dar, was er sich an Lektüren und Studien noch vorzunehmen gedenkt; er nennt die Bereiche Philosophie, Sprachwissenschaft,

Psychologie, Religions- und Zivilisationsgeschichte sowie französische Literatur. Auch möchte er im Gefängnis – den baldigen Tod vor Augen – noch Sanskrit und Ungarisch lernen, nachdem er sich innerhalb weniger Wochen bereits das Altgriechische so weit angeeignet hat, dass er auch schwierigsten Textvorlagen gewachsen zu sein glaubt. Anderseits vermag er selbst die Schundliteratur oder populäre Magazine aus der Gefängnisbibliothek produktiv zu nutzen – er löst Kreuzworträtsel und Schachprobleme, und manche seiner tiefsten Einsichten gewinnt er aus dort vorgefundenen Schmökern zeitgenössischer Unterhaltungsliteratur.

Am liebsten und am souveränsten bewegt er sich freilich in den hohen (um nicht zu sagen: in den erhabenen) Sphären philosophischer, religiöser und künstlerischer Weltliteratur. Einige seiner stärksten Notate beziehen sich – abgesehen von den heiligen Schriften der großen Religionen – auf Augustin, Pascal, Kierkegaard, Nietzsche, Bergson; wichtig sind ihm die französischen Moralisten des 18. Jahrhunderts, die russischen Erzähler Dostojewskij und Tolstoj, die Dichter Charles Baudelaire und Arthur Rimbaud, Rainer Maria Rilke und Aleksandr Blok. Vorab: Rimbaud scheint für Boris Vildé ein dauerhaftes Faszinosum gewesen zu sein – ein herausragender Künstler und Visionär, zugleich ein Abenteurer und Rebell, ein ausschweifender Sinnenmensch, ein zynischer Romantiker, ein ungläubiger (ein ungläubig staunender) Gottsucher –, kurz: *der* Autor, an dem sich Vildés mimetisches Begehren am ehesten entzünden, mit dem er sich besonders weitgehend identifizieren, nach dem er sich in gewisser Hinsicht ausrichten konnte, nicht zuletzt übrigens mit Blick auf dessen frühen Tod. Dass Rimbaud mit 37, Puschkin mit 38, Jesus und Alexander der Große mit 33 Jahren starb, hat sich Vildé an seinem 33. Geburtstag im Gefängnis bewusst gemacht im festen Wissen, dass er selbst keinen weiteren Geburtstag mehr würde feiern können. Statt sich jedoch darüber zu grämen, versuchte er, den frühen Tod als eine Auszeichnung großer Persönlichkeiten zu begreifen, deren Kreis er sich, keineswegs unbescheiden, zugehörig fühlte.

Anderseits kennt Vildé – seine diesbezüglichen Invektiven sind frappant – nichts als Hohn und Verachtung für deutsche universitäre Gelehrsamkeit oder den eitlen Formalismus der Académie française, wie er überhaupt keinerlei Verständnis aufbringen kann für wissenschaftlichen Rigorismus und Künstlichkeit (*artifice*) um der Kunst willen. Manche seiner Lesenotizen wirken allzu emotional und apodiktisch, es gibt wegwerfende Pauschalkritik, aber auch voreiliges Lob; am überzeugendsten ist Vildé dort, wo er sich in seinem Gegenüber wiederzuerkennen glaubt, wo er sich auf einen Fremdtext vollkommen einlassen, ihn vereinnahmen, ihn seinerseits weiterdenken, fortentwickeln kann. Derweil er solcherart ein staunenswertes Lektüreprogramm absolviert – mit Fachbüchern aus den Bereichen Philosophie, Theologie, Soziologie, Ethnologie, Ägyptologie, Sinologie, Indologie u.a.m. – und dabei zu ebenso staunenswerten eigenen Einsichten kommt, muss er sich auch immer wieder die Frage nach seiner eigenen Autorschaft stellen, jene jugendliche Grundsatzfrage, ob er denn überhaupt als Autor etwas zu sagen habe: »Und die Bücher, die du selbst hättest schreiben können?« Die im Gefängnis ausgeschriebenen Papiere sind zu Vildés einzigem Buch geworden.

Doch diesen Papieren hat er keineswegs bloß seine Leseerfahrungen anvertraut; er hat außerdem in großer Zahl Kindheitserinnerungen festgehalten, Träume, auch Wunschträume, vor allem jedoch die Frage, die ihn permanent umtrieb – die Frage nach dem Ich, das heißt nach den Möglichkeiten und Grenzen der Selbsterkenntnis durch Selbsterfahrung im Rausch, in der Sexualität, in der religiösen Ekstase, im kreativen Akt, in der heroischen Tat. Es ist bemerkenswert, dass Vildé, wiederum als Paradoxalist, seine reale Befindlichkeit in der Isolationshaft – die Einzelzelle, den streng geregelten Tagesablauf, die Einschränkungen durch Hunger und Dunkelheit – zur Metapher für die Begrenztheit alles Irdischen und Menschlichen schlechthin macht: Die Zelle, in der er auf den Tod hin lebt, *bedeutet* für ihn immer auch die Begrenztheit der diesseitigen Welt, des rationalen Denkens, der eigenen physischen Existenz, des eigenen Erfahrungs- und Erkenntnishorizonts.

Boris Vildés diesbezügliche Notate und besonders die beiden Dialoge zwischen seinem *einen* und seinem *anderen* Ich (vom Oktober 1941) ließen sich, verschiedenen Ungereimtheiten zum Trotz, durchaus zu einer kleinen existentialistischen Lebenslehre synthetisieren, in der christliche, mystische, esoterische, schamanische, buddhistische Versatzstücke fugenlos ineinandergreifen, wobei überschwängliches Pathos und luzide, zupackende Intelligenz einander die Waage halten. Wenn Vildé im Du das Ich, im Tod das Leben, in der absoluten Liebe die absolute Wahrheit, im Jenseits (oder in der Ewigkeit) die »wahre Realität« ausmacht, bleibt er offenkundig in der Schlaufe des Paradoxons befangen, gewinnt aber doch so etwas wie eine höhere Einsicht, die sich sprachlicher Vermittlung entzieht und ihm gewissermaßen zu einem *Credo quia absurdum* verhilft.

Im Kontext von Vildés Selbstreflexionen kommt seiner Frau Irène eine zentrale Rolle zu, eine Rolle, die er eigens für sie vorgesehen, die er ihr buchstäblich auf den Leib geschrieben hat, der sie jedoch kaum zu entsprechen vermochte – die Rolle des Ewig-Weiblichen und damit auch der Großen Weisheit (Sophia), der Großen Liebe (Agape), in der Ich und Du, Leben und Tod in eins fallen. Sicherlich hat sich Irène, die rechtschaffene, pragmatische, intelligente Tochter aus bourgeoisem Haus, in dieser Rolle unwohl und überfordert gefühlt. Dass er ihr gegenüber, im Gespräch wie im Briefwechsel, stets an der Rhetorik des Siezens festgehalten hat, unterstreicht sein Bedürfnis nach Distanz und Idealisierung. Beides, Idealisierung wie Distanznahme, markiert er *ex negativo* mit ständigem Verweis auf seine eigene Schlechtigkeit, Unstetigkeit, Ichbezogenheit und immer wieder auch seine sexuelle Unbeherrschtheit, durch die er sich vor Irène, wie er anzudeuten scheint, schuldig gemacht hat; an seinem Todestag schreibt er an sie in diesem Verständnis: »In Wahrheit ist es für mich kein großes Verdienst, tapfer zu sein. Der Tod ist für mich die Verwirklichung der Großen Liebe, der Eintritt in die wahre Wirklichkeit. Auf Erden stellten Sie für mich eine andere Möglichkeit dafür dar. Seien Sie stolz darauf.« Die Frau, als Stellvertreterin der Weiblichkeit schlechthin, darf demnach stolz sein darauf, dass sie dem Mann, dessen Männlichkeit ansonsten individuell befangen bleibt, bei seiner Menschwerdung hilfreich sein darf und sein kann.

Die Tatsache, dass manche Passagen aus Vildés Tagebuch und aus seinen Ehebriefen bis heute als »zu intim« und deshalb als nicht publikationsfähig eingestuft werden, ist vermutlich auf diesen wunden Punkt zurückzuführen: Ein »Abenteurer« mit hohem Verführungspotenzial, der sich an zahllosen Frauen schadlos hält und sich deswegen »schuldig« fühlt, entschließt sich zur Ehe, um »die Frau« mit geradezu priesterlichen Weihen und quasireligiöser Verehrung zu umgeben im Verlangen, sie vor seinen eigenen sexuellen Zumutungen zu schützen und als die »große« oder »wahre« Liebe reinzuerhalten.

Man mag den Überschwang, mit dem Boris Vildé diese Liebe *in der Person* seiner Frau hochleben lässt, für allzu schwärmerisch halten, wahr ist aber doch, dass er als Liebender nicht nur seine Widersacher bezwungen hat, sondern auch seine Einsamkeit, seine Ängste, seine Entbehrungen, letztlich *sich selbst* mit all seinen Ambitionen und Illusionen. Nicht allein die große Liebe, auch die Frau Tod – *la Mort* – fand er in Irène personifiziert, und so – nur so – konnte er sich ihr hingeben, ohne sich dabei zu verlieren. »Ich spüre Sie ganz nah bei mir. Bin umhegt von Ihrer Liebe, von unsrer Liebe, die stärker ist als der Tod«, schreibt er wenige Stunden vor seiner Hinrichtung: »Wir sollten unserem ärmlichen Glück nicht nachtrauern, es gilt so wenig neben unserer Freude. Wie klar nun alles ist! Die ewige Sonne der Liebe erhebt sich aus dem Abgrund des Tods.«

# Gefängnistagebuch

*Fresnes*

Juni 1941 bis Januar 1942

* **Am 9. Juni.** – Spazierfahrt in einem Luxuswagen, man steht Schlange für Zigaretten, Champs-Élysées.[1]

**Am 30. Juni.** – Cherche-Midi. Frau S.[2] gesehen.

Die Gefahr ist ein Gewürz, das den Geschmack auch des fadesten Lebens aufbessern kann. Um einen andauernden Leidenszustand ungebrochen zu überstehen, haben die Gläubigen den Glauben, die außergewöhnlich vitalen Naturen die Hoffnung, und die Ungebundenen brauchen in Reichweite ein Mittel zum Selbstmord, so können sie warten ...

Als Kinder wissen wir von unsrer Unsterblichkeit, als Erwachsene suchen wir nach Gründen, um daran zu glauben, im Alter bleibt uns allein die Angst vor dem Tod.

Das Leben kommt uns ebenso natürlich vor wie die Luft, die uns umgibt. Deshalb scheint uns der Tod anormal zu sein, und wir sind geneigt, ihn als einen Zufall aufzufassen, als einen Unfall (von daher der verbreitete Mythos von der Erbsünde, vom ursprünglichen Unfall). In Wirklichkeit ist ja vielleicht das Leben ein wundersamer Vorfall, ein außergewöhnlicher Zufall ... Doch wie sollte man sich, als Lebender, das Leben aus der Sicht eines Toten vor Augen halten? Verdammt harte Sache.

* Stellenkommentare, Nachweise usf. finden sich in den Endnoten ab S. 181.

In der Einzelzelle kann der Mensch zeigen, was mit ihm los ist. Die Weisheit ist für die Intelligenz, was die Güte für die Höflichkeit ist. Das Glück wird einzig durch das Leid erkauft. Vielleicht nicht das Glück, aber die Abgeklärtheit.

Das Unglück ist nicht, dass es auf der Welt zuviel der Leiden gibt, sondern dass es zuviel der nutzlosen Leiden gibt. Der Aberglaube ist ein *Ersatz*[3] für das Unabhängigkeitsgefühl, wenn wir machtlos sind, den Gang des Geschehens zu ändern.

Es hat in meinem Leben eine Zeit gegeben, da ich aus Neugier (den Tod und das Jenseits kennen zu lernen) zum Selbstmord bereit war. Nun ist das für mich nicht mehr so dringlich, ich weiß, der Tod erwartet mich. Einst war ich in Frau Tod vernarrt und ungeduldig, heute bin ich mit ihr verheiratet, ich liebe sie weiterhin, habe mich aber so an sie gewöhnt, dass ich fast nicht mehr dran denke.[4]

Und das Leben? Ich liebe es immer mehr und immer mehr »als Ganzes« (von daher die zunehmende Gleichgültigkeit gegenüber den Einzelheiten). Wie eine Geliebte, der man bisweilen müde ist, doch niemals überdrüssig.

Das Christentum hat Gott vermenschlicht, der Buddhismus hat den Menschen (und die Natur) vergöttlicht.

Ausbrüche: Der Mensch ist Gefangener in zweifacher Hinsicht: Gefangener dieser drei-(oder vier-?)dimensionalen Welt sowie seines Ich. Daher seine Einsamkeit. Die Mittel und Wege des Ausbruchs und des Einsseins. In Gott (vgl. Berdjajew[5]). Kunst, Liebe, Tod (*Sparkenbroke*[6]). Einzig der Tod kann uns (stürbe das Korn nicht) völlig erlösen. Die Liebe (Liebesakt) ist ein Vor-Bild des Tods. Ihre Erfahrung bietet das Vorwissen vom Tod. Deshalb das schreckliche Erwachen (furchtbar die Einsamkeit zu zweit). »Post coitum ...« Und doch lohnt's den Aufwand. Einige Momente der Unsterblichkeit sind den Preis durchaus wert. Opium, Musik, Sport sogar (gefährlich) ... Doch gibt es auch *reine* Ekstasen, welche aus dem Innern kommen, ohne äußeren Anlass. Die Momente, in denen ich die Teilnahme am ewigen Leben spüren und davon wissen kann. Das ist ganz selten, und es ergibt sich ohne ersichtlichen Grund, es reißt mit einem Mal die Einkleidung der Einsamkeit auf, durchbricht die Mauern des »Ich«. Das ist keine Ausflucht ins *Vergessen* (wie das Opium), es ist nicht die Vereinigungsekstase mit einem andern Gefangenen (Liebe), es ist auch nicht die letztendliche Erlösung (Tod), doch es ist ein Zugeständnis, ein kurzer Ausbruch, ganz wirklich. Man wird erneut eingefangen, klar, aber man hat doch etwas von der Freiheit mitbekommen.

Wenn ich mir mein Leben vergegenwärtige, sehe ich bei mir soviel Nichtigkeiten, Gemeinheiten, Flegelhaftigkeiten und (vor allem) Lügen, und doch weiß ich, dass all das keine Bedeutung hat. Es gibt etwas (oder dessen

Möglichkeit) in mir, das darüber steht. Vielleicht ist das bei jedem Menschenwesen so. Die Frauen haben dafür ihre Intuition. Verstehen heißt verzeihen, ein Widersinn: Wenn man versteht, weiß man doch, dass nichts zu verzeihen ist, man wird zum Komplizen. Doch das Verstehen reicht selten bis zum Letzten. Annehmen ohne zu verstehen, das ist der Beginn der Liebe.

Unsere Versuche, in Verbindung zu treten mit dem andern: Mitleid, Freundschaft, Güte, Liebe, wie bei den Häftlingen eines Gefängnisses, die an die Mauern klopfen, um sich zu verständigen, sie sehen einander nicht. Tröstlich ist es allemal.

Eben darum ist man so sehr auf *Humanität* angewiesen. *Mensch* sein, und dann erst Deutscher, Soldat, Richter, Mann, Vater, Katholik, Künstler. Wie unmöglich dies in unseren Tagen (und überhaupt?) zu sein scheint. Ich strebe seit langem danach, und es gelingt mir nur zur Hälfte. Doch jedenfalls habe ich die Einfachheit gelernt, was viel ist. Wenn ich nur talentiert wäre ... Doch auch dies ist bloß von zweitrangiger Bedeutung.

Momentweise gelingt's mir, von allem mich loszumachen, alles von mir abzuwerfen, was einst mein Leben bestimmte, Irène ausgenommen.[7] Ich schaffe es nicht, mich von ihr freizumachen. Dies zeigt das wahre Ausmaß meiner Liebe, sie allein bindet mich an die Existenz (momentweise). Und es ist ein Wunder. Warum und wie ich sie liebe? [...] Sie ist mir unverzichtbar. Ich verursache ihr großes Leid, habe aber kein Schuldgefühl

ihr gegenüber, empfinde auch keine Dankbarkeit für das, was sie für mich tut. Mitleid schon, ja, und sehr viel Zärtlichkeit. Freundschaft, Vertrauen. Doch all dies ist zweitrangig. Das Eigentliche meiner Gefühle für Irène findet sich in einer vernunftfernen Intuition (einem Vorwissen) von einer andern Irène, die sie selber nicht kennt und die nur mir allein sich offenbaren kann. Und mehr als dies – auch ich selbst kann mich nur in Verbindung mit ihr bis zum Letzten offenbaren. Eine wechselseitige Besonderheit. Doch scheint sie das nicht sehen zu wollen [...]. Irène ist in meinen Gedanken, in meinen Lektüren stets gegenwärtig, hört mir zu [...].
Verzweiflung als Narkotikum.
Doppelung der Person des Gehenkten inmitten eines heftigen Humor-Anfalls [...].
(Einbildungskraft und Gedächtnis.)

**25. Juni.** – Mein Geburtstag: 33 Jahre! Äußerst trister Vormittag. Irène kam erst am Nachmittag. Alexander der Große.[8]

Geträumt des Nachts: Rouen (in Wirklichkeit [[9]]). Acht junge Frauen; Kameraden aus dem Gymnasium; Maler mit seiner aus einer Vielzahl von kopierten Einzelheiten bestehenden Schürze.

Ergebnis meiner gestrigen Meditation über die Einbildungskraft und das Gedächtnis (eine Karikatur?). Schöpferisch ist das Gedächtnis, das die Gefühle wiederherstellt. Verwandtschaft von beidem. Ihre gegenseitige Unabhängigkeit. Ihre Verschmelzung lässt träumen (es gibt auch schöpferische Träume). Das Geschlecht kommt in meinen Träumen nicht vor. Und dies mit Grund: Ich bin durch den Nahrungsmangel zu sehr geschwächt. Die Wirkung der Unterernährung auf mich selbst studieren.

Meine Träume sind oft aufschlussreich (seit Fresnes[10]). Ich erwarte sie mit Interesse. Aber ich kann sie nicht mehr so verdauen wie früher [...].

Letztlich bleibt mir nur Irène. Eine in Wirklichkeit so wundersame Liebe [...]. Und wie unsterblich sie mir vorkommt. Doch brauchte ich, um das zu verstehen, das Gefängnis.

Das Gefängnis bringt nichts, doch es wirkt auf mein Ich ein wie der Entwickler auf den Film. Es ist die Dunkelkammer.

Das Mysterium des Bluts und des Instinkts auf der einen Seite; das des Geists und der Seele auf der andern. Und in der Mitte zwischen diesen beiden Finsternissen ein kleiner Raum, hell und rein: der Intellekt. Das Gleichgewicht suchen? Soll man? Ja, nur nicht ein Gleichgewicht der Reglosigkeit, der Stagnation, sondern das der Lebensregung (vgl. Alexis Carrel über den Menschen[11]). Nur wenn deren Schwingung stetig zunimmt, kann man das Unendliche erreichen, sei's durch das Geschlecht, sei's durch Gott. Man kommt zum selben Punkt (»toter Punkt oben«). Ob das der Tod ist?

Solange man das Leben dem Tod entgegensetzt, wird man nicht weiterkommen. Es gibt keinen Gegensatz. Dieser ergänzt jenes, setzt es fort, vervollständigt es. So wie es auch keinen Gegensatz zwischen den beiden Geschlechtern gibt.

(*Blatt zerrissen*:) ... mit Humanität, das bedeutet, dass das Ich im Tod aufgehoben wird. Doch dann gibt es auch kein individuelles Bewusstsein mehr. Es gibt kein individuelles Überleben, keine persönliche Unsterblichkeit. Oder dann bringt der Tod die Lösung nicht. Können wir das Reale erreichen oder sind wir dazu verurteilt, lediglich das subjektiv Wahre zu kennen?

Metapher: Sinus und Tangente. Während der Sinus zwischen 0 und 1 (von -1 bis + 1) variiert, variiert die Tagente zwischen 0 und ∞ (von -∞ bis +∞). Wir können aber über den Kreis hinaussehen. Die Kunst und die Liebe. Schöpfung und Ekstase. Zwei unterschiedliche Dinge: ein Kunstwerk *schaffen* und es *erfahren.* So wie M. und F. in der Liebe.[12] Die beiden können übereinstimmen in diesem Gesang oder getrennt sein in der Zeit: Bild, Buch. Die Begeisterung des Künstlers (seine Inspiration) ist die Offenbarung seiner *göttlichen* Natur, er schafft (vgl. das Geschäft der Zeugung). Doch er schafft nicht aus dem Nichts, sondern aus seinem eigenen Innern, seinem eigenen Ich, das er der Welt zum Geschenk macht, er entledigt sich seiner, von daher der Ausbruch, die Befreiung, die Gemeinschaft. Das ist die höchste Bestätigung des »Ich« und ist auch sein Verlust.

(*Blatt zerrissen*:) ... zu entsetzlich die Schmerzen der Geburt. Ach! könnten doch die Deutschen etwas bessere Psychologen sein und die Franzosen etwas würdevoller!

Was den Menschen vom Tier unterscheidet, ist nicht das Bewusstsein, sondern *das Bewusstsein, ein solches zu haben* (und es mag Menschen geben, die unter diesem Gesichtspunkt den Tieren nicht überlegen sind). Ein derartiges Bewusstsein in zweiter Potenz ermöglicht Selbstironie. Es bedeutet auch die Entdeckung des »Ich« und den Beginn einer ständigen inneren Befragung, die erste Silbe der Frage nach dem Tod. Man kann sich ohne das »Ich« mit Problemen der Metaphysik befassen (zum Beispiel der Genesis und selbst der Existenz Gottes), doch das Problem des Tods ließe sich ohne das Problem des »Ich« nicht angehen. Denn der Tod existiert nur insoweit, als er das individuelle Bewusstsein zerstört. Wenn das »Ich« bestehen bleibt, gibt es keinen Tod, auch dann nicht, wenn der Körper vernichtet ist. Doch dann gibt es auch keine Befreiung.

Der Tod aber existiert. Unser durch den Leib bedingtes Ich stirbt mit ihm und setzt schließlich jene göttliche Parzelle frei, die wir als »Seele« oder als »Geist« bezeichnen können (kommt nicht darauf an). Der Tod ist nicht die Abwesenheit des Lebens, er *ist.* Doch können wir uns vom Todeszustand keinen Begriff machen, weil all unsere Begriffe dieser drei-(oder vier-?)dimensionalen Welt angehören. So wie sich ein Blindgeborener das Licht und die Farben nicht vorstellen kann.

Vielleicht in der Liebe ...
Das Ich bietet sich der Seele als Vermittler dar (und als Hindernis) gegenüber der Welt der Objekte.

Unsere Wahrnehmung der Welt ist bedingt durch die Entwicklung unserer fünf Sinne, anders gesagt – durch den Zustand unserer Organe und Nerven, das heißt durch den Leib. Dazu kommt, wenn alle Sinne beisammen sind, der Intellekt, um daraus Begriffe und Urteile zu bilden (mit Hilfe auch der im Gedächtnis abgelagerten Reserve). Diese wiederum dienen dem Aufbau des »Ich« ...

Wie aber können wir die Wahrheit erfahren, da unsre Mittel so beschränkt, so mangelhaft sind? Es ist offensichtlich, dass unser Intellekt machtlos ist, das Problem zu lösen (er gelangt zu seiner Erhabenheit im Zugeständnis seiner Ohnmacht). Enttäuscht wendet sich der Mensch von ihm ab und ... verfällt dem Glauben.

Die stärkste Versuchung des Christentums besteht darin, dass es ein ewiges individuelles Bewusstsein verspricht, die persönliche Auferstehung, und der um sein »Ich« bangende Mensch greift nach dieser rettenden Planke. Doch es ist sein Leib, der für ihn bangt und der kraft seines Selbsterhaltungstriebs Seele werden will (letztlich ließe sich das allenfalls vertreten: Materie und Energie, Leib und Geist, Leben und Tod sind möglicherweise transformierbar).

Doch wer die wahre Tragödie des Menschseins – die Einsamkeit – erfahren hat, wer den Kerker des »Ich« kennt und wer das Vorwissen (oder die Rückerinnerung?) der Freiheit gehabt hat, der begehrt nicht das individuelle Überdauern und hat keinerlei Grund, mit ihm zu rechnen.

Die christliche Religion (so wie die Kirche sie lehrt) ist eine Religion für Sklaven – nicht im üblichen Wortsinn (wie zum Beispiel bei Lenin), vielmehr für Sklaven ihres »Ich«, für Gefangene, die ihr Gemäuer lieben und die sich vor dem Unbekannten fürchten oder vor der vergessenen freien Luft.

Menschen, die trotz ihrer Mittelmäßigkeit *erstarrt* sind in der Einsamkeit. Irène hat meine Zuneigung zu den russischen Emigranten von Montparnasse nie verstehen können.[13] Vereint in Verzweiflung. Und die gemeinsame Sprache der *Annäherungen.* Es gibt Bereiche des Denkens, in denen das Wort selbst für die Eingeweihten lediglich Annäherung ist (wie in der Mathematik, wenn man mit Logarithmen operiert und der Fehler infinitesimal ist).

**18. Juli.** – Habe heute aus dem fünften Stock Irène gesehen. Sie wartete inmitten anderer Frauen, die mit ihren Paketen gekommen waren. Zuerst erkannte ich ihren Strohhut, die gerade Linie ihrer Schultern, dann auch, als sie für einen Augenblick den Kopf hob, das Oval ihres Gesichts. Sie hat mich nicht gesehen. Ich empfand einen Ansturm von Schmerz, von Freude.

Wie sehr werde ich wieder zum Menschen. Die Geschichte meines Lebens ist die Geschichte meiner Menschwerdung. Und diese kommt nun zu ihrem Ende. Ich bin reif für das Leben oder für den Tod, weder dieser noch jenes machen mir Angst. Nicht so wie früher, nein, ganz anders, nicht in der Gleichgültigkeit, sondern in der Zustimmung, der Übereinstimmung. Ich genieße einen neuen Frieden so wie jemand mit versiegeltem Herzen, der jäh die »Gabe der Tränen« zurückgewinnt. Doch Tränen hab ich keine, eher gewinne ich die Gnade des Lächelns zurück.

Das Nirvana. Ich glaube es nunmehr zu verstehen: Es ist nicht das Nichts, es ist die Vernichtung des »Ich«, ist Befreiung, Gemeinschaft. Der Buddhismus geht von der menschlichen Einsamkeit aus (das Christentum ebenso, Jesus hat die Einsamkeit ebenso gekannt wie Gautama[14], doch das Christentum sucht das Problem hienieden zu lösen: Gemeinschaft der Menschen in Gott beim Gebet; im Buddhismus – Gemeinschaft im naturbedingten Tod). Erst jetzt gelingt es mir, diese Gedanken mehr oder minder klar zu formulieren, doch ich trage sie seit langem in mir. Von daher dieses ständige und geheimnisvolle Hingezogensein zum Buddhismus.

Definition des »Ich«. Kenntnis des »Ich« als Bewusstsein des eigenen Bewusstseins. Ob die Tiere das Bewusstsein haben? Das »Ich«? Gewiss doch, nur haben sie wohl keine Kenntnis von ihrem »Ich«. Mensch und Tier. Lässt sich die Grenze zwischen der menschlichen und der tierischen Intelligenz bestimmen? Anscheinend hat das Tier ein Bewusstsein, jedoch das Bewusstsein des Bewusstseins (unklar)? Die Gesellschaft? Nebst Bienen und Ameisen der Hinweis (für Bergson) auf die Existenz von *zeitweiligen Zusammenrottungen von Wölfen,* für die es ein eingeschränktes und vorgegebenes Ziel gibt – das Jagen. Ursprung der Gesellschaft? Sozialinstinkt? Zweifellos müsste man weg von der Familie, anders gesagt – vom sexuellen Instinkt.

Die Gesellschaft setzt die Existenz einer gemeinschaftlichen (familiären, sippschaftlichen?) Sprache voraus. Die Religion ist ein wesentlich soziales Faktum, wahrscheinlich jünger als die Familie.

Der »Fortschritt« der Gesellschaft verdankt sich immer den anti- oder asozialen Menschen (dies sicherlich nur in einem gewissen, dabei aber sehr wesentlichen Ausmaß). Ausgehend nicht vom Individuellen, sondern vom Kollektiven eine Philosophie aufzubauen, das macht das ganze 20. Jahrhundert aus. Man muss aber vom *Ich* ausgehen, und ich bezweifle, dass es tatsächlich gesellschaftlicher Natur ist.

Die Gesellschaft entwickelt den Intellekt, hat aber die Neigung, die Persönlichkeit zu unterdrücken, die dann bisweilen ihrerseits an der Gesellschaft Rache nimmt.

**23. Juli.** – Gestern (am 22. Juli) die Bibel erhalten.[15] Das Alte Testament ist sehr *aktuell* (man muss über Luther nachdenken), Schatzhaus für einen Ethnologen.[16] Unentbehrlich für das Verständnis des Neuen Testaments, jedoch kaum geeignet zur Festigung des Glaubens.

**25. Juli.** – Bergson gelesen: *Die Zwei Quellen.*[17] Ich verstehe Bergsons Einfluss auf die Generation meines Vaters. Und darüber hinaus (Petja).[18] Seine Art der Problemstellung ist gänzlich neu (?). Man kann ihn jedenfalls nicht außer Acht lassen. Aber ich bin keineswegs von ihm überzeugt – ich vermag seine wunden Punkte mit solcher Leichtigkeit zu sehen, dass ich darob etwas verwirrt bin (verstehe ich ihn womöglich gegen den Strich?). Bei Bergson gibt es etwas Alttestamentliches – gerade diese Bindung an das *Leben* und an die Gesellschaft.[19]

Das Denken und die Sprache. Wechselseitiger Einfluss. Wo der eine (der des Denkers auf die Sprache) allzu offensichtlich ist, bleibt der andere derweil verborgen. Zum Beispiel aber der Unterschied zwischen der deutschen und der französischen Philosophie. Erstere ist abstrakt (was vermöchte abstrakte Begriffe besser zu bilden als der Genius der deutschen Sprache – egal womit, zum Beispiel Heideggers *zum-Tode-sein*), kompliziert, detailliert; letztere ist rein, ist konkreter und klarer (doch nicht weniger reich). Und moralistisch (vielleicht weil das Französische nur ein einziges Wort hat [*conscience*], wo dem Deutschen *Gewissen* und *Bewusstsein* zur Verfügung stehen, dem Russischen *sovest'* und *soznanie*).

Was noch mehr auf die Poesie zutrifft, wo sich Ideen oft anhand einer Assonanz zusammenfinden. Wer weiß, welch eminente Rolle in der russischen Poesie der reiche Reim *krov'* und [kodof?] gespielt hat,[20] oder in der deutschen »Macht« und »Nacht« usf.

Das chinesische (und japanische) Denken war zweifelsohne stark durch die Schrift beeinflusst (halten wir beiläufig fest, dass die Einheit des chinesischen Reichs durch die *Schrift* und nicht durch die Sprache gesichert war). Interessant wäre das Einzelstudium von kleinen Bedeutungslücken in jeder Sprache: zum Beispiel das deutsche *gemütlich* und das russische *udobno* – im Französischen? Das Fehlen des Verbs oder eher des Begriffs für *haben* im Russischen. Die Vernachlässigung von Diminutiven im Französischen. Der Verzicht auf den Artikel im Russischen (für »ein Hund bellte« kann man, nebenbei gesagt, nicht *sobaka lajala* [der Hund bellte] übersetzen, es muss heißen *gde-to lajala sobaka* [irgendwo bellte ein Hund] oder allenfalls: *lajala sobaka* [es bellte ein Hund] – bedenkenswertes Beispiel).[21]

Kurz, die Sprache ist nicht nur ein (oder das) *Ausdrucksmittel*, sie ist auch ein Mittel zur *Herausbildung* des Denkens. Anders gesagt: *Das Denken ist das Ausdrucksmittel des Genius der Sprache.*[22]

**26. Juli.** – Anfall von körperlicher Schwäche an der Grenze zur Ohnmacht. Dennoch wahrt der Kopf eine lautere Klarheit. Bergson gelesen. Der zweite Teil ist sehr stark.[23] Habe einige eigene Gedanken wiedergefunden.

Ob ein Neugeborenes von heute sehr verschieden ist von einem Neugeborenen des primitiven Menschen? Ein gewichtiges Problem. Denkt man an die Tiere, sieht man keinerlei Unterschied: Tatsächlich bewahren die vor Urzeiten domestizierten Tiere ihre Instinkte unbeeinträchtigt und werden gelegentlich wieder wild (Ente, Hund, Pferd, Katze ...). Doch man könnte dem entgegenhalten, dass allein der Mensch fortschrittsfähig ist. Allein die Menschengemeinschaft kann Transformationen durchlaufen (und die domestizierten Tiere? verfügen wir über genügend Fakten zu den Gemeinschaften der Hautflügler?). Jedenfalls scheinen wir nicht allzu weit entfernt zu sein von unseren ferneren Ahnen. Und wenn ich als Durchschnittsmensch heute in der Lage bin, kraft meiner Ausbildung und meines Denkens, verschiedene Entwicklungsphasen der menschlichen Gesellschaft zu durchlaufen: naive Gläubigkeit (Kindheit), griechischer Intellektualismus, Materialismus (Jugend), um (vielleicht) an die Schwelle zur mystischen Erfahrung zu gelangen, dann ist durchaus anzunehmen, dass andere, im Zustand der Inspiration, den gleichen Weg vor zwei oder drei oder vier Jahrtausenden zurückgelegt haben, dass sie sogar noch weiter gegangen sind. Was wohl für die Wissenschaft nicht möglich ist, jedoch für die Metaphysik?

Mag sein, dass die Liebe zu sich selbst und die zu einem andern von gleicher Art ist, dass wir im andern und sogar in den Tieren usf. dieselbe göttliche Essenz lieben, die allem Existierenden gemein ist. Die Fortentwicklung der Menschheit wäre demnach die Entwicklung dieser Liebe, der Liebe ganz allgemein. Beim Nichtzivilisierten ist der Begriff des »Ich« bruchstückhaft, beinahe inexistent, ihm fehlt das Bewusstsein für seine Individualität und selbst für seinen Leib. Die Entwicklung des Intellekts mündet in das Bewusstsein und in das Bewusstsein seines Bewusstseins, anders gesagt – in das vollumfängliche »Ich«. Doch gleichzeitig und in gleichem Maß wächst auch das Bedürfnis, das Streben nach einer Befreiung aus dem Kerker des Ich. In dem Ausmaß, wie die vom Bewusstsein errichteten Schranken sich weiten, wächst auch unsre Sehnsucht nach Gemeinschaft, wird stärker, aktiver. Das überträgt sich durch die Liebe. Hier haben wir noch *einen Quellgrund der Moral.* Und die christliche Liebe (in Ermangelung einer andern Bezeichnung) ist der allgemeinen Lebensbewegung entgegengesetzt. In gewisser Weise ist sie ein Todestrieb.

**27. Juli.** – Hochzeitstag [...].[24] Wir haben nichts aus unserer Vergangenheit zu bedauern (selbst wenn ich *erschossen* werden oder im Gefängnis sterben sollte). Der Prozess der Sichtung ist abgebrochen, und nun wird die Wirkung der Gegenbewegung einsetzen. Gefühl einer Erneuerung. Doch immer wieder diese Anfälle von Eitelkeit. Man glaubt sich davon befreit zu haben und –

bumm! (doch ist es in einem gewissen Ausmaß auch ein Zeichen von Lebenskraft)

Ursprung der Religion. Noch nie hat man Gesellschaften ohne Religion (oder Glauben) vorgefunden.[25] Vielleicht enthält diese Aussage die Antwort auf unsere Frage. Die Gesellschaft kann ohne Religion nicht sein, und die Religion nicht ohne Gesellschaft. Entweder entsteht die Religion, um die Gesellschaft lebensfähig zumachen, oder die Gesellschaft baut sich auf, um die Religion zu verwirklichen. Die zweite Lösung ist wohl die wahrscheinlichere (besonders dann, wenn man unter religiöser Aktivität jegliche schöpferische Tätigkeit des Menschen versteht, was sicherlich auf den primitiven Menschen zutrifft). Eine gewissermaßen bergsonistische Position, obzwar sie Bergsons Theorie dem Buchstaben nach entgegengesetzt ist.

Und was die Moral betrifft? Bin mir nicht sicher, ob sie sich von der Religion abtrennen lässt. Zu überlegen.

Parallelität der beiden Erfahrungen: der mystischen und der sexuellen. Die eine als geistige Erhabenheit, die andere als fleischliche. Zwei Momente charakterisieren den höchsten sexuellen Akt: 1) Bewusstseinsschwund im Augenblick des Vollzugs: Gemeinschaft (ob illusorisch oder wahr, spielt jetzt keine Rolle); 2) Zustand tiefer Traurigkeit, die unmittelbar, dadurch hervorgerufen, auf ihn folgt: Es ist die Traurigkeit bei der Rückkehr ins Gefängnis, das Bedauern, das Licht hinter sich zu lassen. Offenkundig bringt nicht jeder sexuelle Akt diese beiden Zustände mit sich, im Gegenteil, solche Glücksfälle sind verhältnismäßig selten; wir können nach dem Koitus Erleichterung oder Ekel empfinden, letztlich auch ein Schlafbedürfnis. Ich rede aber von einem Akt als Vollzug einer Liebe (und sei sie rein fleischlich = Begehren), das heißt gebunden an die Wahl einer bestimmten und einzigen Person, vollzogen unter den günstigsten physischen (physiologischen) Bedingungen. Ich leugne auch nicht, dass die Wirklichkeit komplizierter ist als das aufgestellte Schema, außer der Traurigkeit kann eine Freude überdauern oder die Erinnerung daran; doch so stellt sich insgesamt die *bessere* sexuelle Erfahrung dar, wie (fast) alle Männer sie ausleben (für die Frauen lasse ich die Frage offen).

Nun gleicht diese Beschreibung in jeglicher Hinsicht der einer mystischen Erfahrung. Was ist daraus zu schließen? Wir haben bereits gesehen, worin die beiden Phänomene sich ähnlich sind: in der (realen oder illusorischen) Freisetzung des Ich, doch dies führt uns weiter. Beschränken wir uns vorerst darauf, eine Verwandtschaft zwischen dem Geist und der Materie festzustellen, zumindest auf dem Hintergrund unseres Bewusstseins.

Andere zu analysierende Phänomene: aktive und passive Inspiration (Schriftsteller und Musik), Leid und Schmerz (physisch und moralisch), Wohlergehen, Glück, Freude (übrigens – wie sehr gibt doch im Französischen das Wort *Moral* Anlass zu irrigen Interpretationen!).

**28. Juli.** – Bourget gelesen, *Ein Liebesverbrechen.*[26] Hatte das Schlimmste erwartet. Ist schrecklich überholt, versetzt man's aber zurück in seine Zeit, kann man seinen Erfolg und sogar seinen Einfluss begreifen (der zum Beispiel in Russland groß war, und in Estland galt Paul Bourget noch 1940 als eine Autorität). Gute Popularisierung der guten Literatur. Ein paar Seiten mit Psychologie sind nicht übel.

Wir verdanken dem Materialismus die Entwicklung der psychologischen Analyse.

Quelle der Moral: Erfahrung der *Reue,* doch ist Reue letztlich nicht *die Liebe*? Zu überlegen.

*Ursprung* der Sprache. Mutter und Kind. Wahrscheinlich.

Ursprung der Religion. Ein bislang missachtetes Element, das sicherlich eine große Rolle gespielt hat, wenn nicht bei der Entstehung des Glaubens an die Wahrsager, so doch zumindest bei der Schaffung einer dafür günstigen Umgebung, ist *der Traum.* Der Traum, der eine andere Realität als das Alltagsleben bietet, kann die Möglichkeit einer doppelten Existenz der Dinge einsichtig machen. Die Traumerfahrung gehörte zweifellos zu den Erfahrungen, welche die Nachdenklichkeit des primitiven Menschen gelenkt haben. Vielleicht ist ja die elementarste Logik dem gesamten Menschengeschlecht gemein (wenn's hochkommt!), nicht jedoch der Übergangspunkt zu ihrer Anwendung usf.

Studiert man heute die sogenannten »primitiven« Gesellschaften, vergisst man oft, dass sie mindestens *so alt* sind wie die unseren. Es gibt Fälle, wo das, was wir als Spuren des Primitivzustands auffassen, lediglich eine Folge von *Dekadenz* ist, wenn zum Beispiel die materielle Gesellschaft ihre Primitivität bewahrt haben könnte und die geistige Gemeinschaft (innerhalb derselben Gesellschaft) vielleicht die Agonie des Verfalls erlebt. Man müsste Fälle wie die Osterinsel, die Eskimos, die Tasmanier usf. genauer betrachten.

**29. Juli.** – *Zarathustra* gelesen.[27] Hab das Buch nicht ohne Besorgnis erneut zur Hand genommen: Doch nein, es ist keineswegs verblasst, ich hab meine Erregung von damals wieder gespürt, womöglich ist sie gar größer geworden wegen des besseren Verständnisses. Eine in höchstem Maß *schöpferische Erregung* (Form gleichwertig der Materie), sicherlich das Ergebnis einer *mystischen Erfahrung* (die Inspiration wäre hier nicht ausreichend: vgl., was Nietzsche selbst dazu sagt). Die Realisierung hat die Absicht übertroffen. Er schrieb mit seinem Blut.

Ich denke, Friedrich Nietzsche wollte Christi Lehre vollenden, so wie dieser die Lehre des Moses vollendet hat. Manchmal übrigens verlängert er (gewissermaßen »ad absurdum«, doch das ist falsch) das Denken Jesu. Jedenfalls ist es der gleiche *Seelenzustand* (da ja das Wort Jesu Christi zur gesellschaftlichen Moral geworden ist und die Urkundgabe der schöpferischen Erregung ihre

ganze Intensität verloren hat, nachdem die Gesellschaft das Evangelium über sich hatte ergehen lassen).
[Und so wie Jesus Christus ist auch er missverstanden worden (Peter Gast)[28]], wie der Heilige Paulus geht auch Zarathustra aus dem Christentum hervor, aber mit einem Schritt nach vorn.

Bergson verdankt Nietzsche vieles (oder ist's eine Koinzidenz?), trotz allen Unterschiedlichkeiten. *Übermensch* [...][29] Universum ist eine Maschine zur Herstellung von Göttern usf. usf. Doch Nietzsches Erregung ist stärker, unmittelbarer; Bergson ist mehr ein Wissenschaftler. Der künftige Einfluss des *Zarathustra* ist schwerlich vorauszusehen, doch gibt es keinen Zweifel, dass er einen sehr starken Einfluss auf die N. Soz. Bewegung in Deutschland hatte (wobei ich die Frage nach der Authentizität des Nietzscheismus offenlasse).

**30. Juli.** – Leiden. Umso besser, nur nicht sich gewöhnen (es fällt schwer, aus der Notwendigkeit kein Plus zu machen).

Sich selbst zu opfern, ist leicht. Man muss die andern opfern können.

**31. Juli.** – *Meine Verliese* von Norbert Casteret gelesen.[30] Sehr spannend, vorab der Teil über die Fledermäuse (Chiropteren). Instinkt usf. Bestätigt das

Vorhandensein des *Orientierungssinns* bei den Säugern (anders als der Instinkt).

**1. August.** – Erkenntnis. Das ist eine Aktion des Geists. Die Kontemplation ist ein reiner Akt, der zur Erkenntnis führt. Doch anderseits ist die wahre Erkenntnis einzig durch Erfahrung zu gewinnen (erkennen – in der Bibel – heißt besitzen, lieben). Abstrakte Erkenntnis wird somit persönlich. »Der Jubel der Seele liegt in der Tat« (Shelley) – eine sehr tiefe Wahrheit, man muss sie aber ergänzen: »Der Jubel des Körpers liegt in der Kontemplation.« Die Seele vom Körper nicht zu trennen (Symbiose). Die Materie ist geistig. Deshalb eben ... vgl. den Geschlechtsakt. Quantität und Qualität: Addition, Multiplikation, Elevation.

Lavelle gelesen, *Die Selbsterkenntnis.*[31] Ein Handbuch für Christen mit einer Neigung zur Meditation, doch diese Verknappung des Denkens wie auch die Präzision der Sprache lassen tiefere Dinge vermuten. Habe hier Anregendes gefunden. Wie frisch und neuartig muss einem die Welt beim Verlassen des Kerkers vorkommen!

**2. August.** – Sehnsucht nach dem Schönen ... und zu rauchen (vom Schwimmen geträumt und von den Zigaretten). Wein; Frauen (aber ohne Begehren). Musik. Kein sehr starker Zugang. Reflexion ist für den Menschen lehrreich. Entfaltung der Erkenntnis führt zum »Ich«.

Zuerst ein Bewusstsein, das noch keins ist. *Der naive Egozentrismus,* spontan (vielleicht allgemein bei den Tieren). Die Kinder, die Nichtzivilisierten (bisweilen) und die Einfältigen reden von sich in der dritten Person (da muss man allgemein die Sprache näher betrachten). Selbst die Heirat ist keine individuelle Sache.

Doch in einem geheimnisvollen Kraftakt geht der Intellekt über sich selbst hinaus und erkennt seine eigenen Grenzen. Er wird sich seines eigenen Bewusstseins bewusst, er bringt das *Ich* hervor (oder eher: entdeckt es), das, heraustretend aus dem ursprünglichen naiven Bewusstsein und davon nicht zu trennen, gleichzeitig von ihm unabhängig, ihm übergeordnet ist. In biologischer Perspektive ist diese Spaltung des Bewusstseins unnütz und manchmal sogar von Nachteil. Es ist der Preis des Intellekts, der sich plötzlich des Gefängnisses bewusst wird, in dem er eingeschlossen ist (im Ich). Seine bevorzugte Waffe ist die Ironie (der Aktion abträglich).

Doch aus ihm erwächst die Sehnsucht nach der Befreiung, das Streben nach der Gemeinschaft mit anderen Menschenwesen, mit dem Universum, mit der Wirklichkeit. Sie ermöglicht die Verwirklichung der Seele[32].

Der naive Egozentrismus, einstmals eine Quelle des Vergnügens, wird *Verwünschung,* macht Angst. Doch gleichzeitig (Gegenreaktion) wächst unsere *Liebes*-Kraft.

Zwei Wege: das Bewusstsein ausschalten (sich vergessen, künstliches Paradies) oder das Ich erweitern. Beides erbringt bloß eine halbe Lösung. Die radikale Lösung: der Tod oder die Liebe.

**3. August.** – Zweite Lektüre der *Zwei Quellen* abgeschlossen. Von *größter Kraft* (vor allem das Kapitel zur dynamischen Religion[33]). Bergsons vorgefasste Idee ist die Auffassung unserer römisch-germanischen Zivilisation als Modell für die gesamte Menschheit. Er will *göttlichen Ursprung* der *Demokratie* usf. Zuviel Optimismus. Lavelle kotzt mich an (nach Bergson und Nietzsche!).

Habe wieder mit dem Pariser Leben Kontakt aufgenommen vermittels der *Lectures* vom 15. Juli.[34] Seltsamer Eindruck. Im Allgemeinen bin ich gelenkt (lasse ich mich lenken) von einer Art Erhaltungsinstinkt: der verbietet mir, mich auf die Vergangenheit einzulassen, da mir dies ein Bedauern einflößt und ausgeprägte Sehnsucht hervorruft, auch lässt er nicht zu, dass ich die Idee des befreienden Tods vertiefe, was zum Selbstmord führen kann oder jedenfalls zur Empfindung des Lebenswehs. Jedoch drängt uns ein anderer (menschlicher) Antrieb dazu, daṣ Denken möglichst weit voranzutreiben, bei aller Gefahr oder Nutzlosigkeit. Die Intelligenz ist nicht auf Nutzanwendung angelegt, sie entsteht, weil ... usf.

**4. August.** – *Liebe.* Immer wieder ein Wunder. Liebe eines Mädchen zu ihrem Zuhälter. Sie weiß ja, dass er weder schön noch gut ist, und gleichwohl ... usf. Der Schluss daraus: Entweder gibt es in uns etwas, das außerhalb der Leiblichkeit und der Moral unsichtbar ist, oder unsere Ästhetik und unsere Ethik sind individueller und konventioneller Art, oder ...

Die vollkommene Liebe ist reine Freude. Eine solche Liebe ist übermenschlich, sterblich. Wir messen die Tiefe einer Liebe am Leiden. Ist es der Schmerz, unsre Niederlage zu erfahren, zu wissen, dass wir es nicht schaffen werden?

Das *Lieben* ist beim Menschen naturgegeben. Das Bedürfnis zu lieben und geliebt zu werden. Vielleicht nicht nur beim Menschen. Die Natur hat den Begattungsinstinkt darangeknüpft. Worin besteht die Liebe? In der tatsächlichen oder eingebildeten Befreiung des Ich. Bisweilen ist das nur eine Ausweitung des Kerkers: so im Fall der Mutterliebe: Man liebt sein *eigenes* Kind usf. So kann auch die Liebe des *eigenen* Manns, der *eigenen* Frau sein. Die Liebe ist nicht blind; doch sie blickt weiter, blickt hindurch.

Die Liebe hat keinen Grund, ist stets ein Wunder. Wenn man weiß, dass man sich liebt, ist die Liebe verdächtig. Vorab ist sie ein *Seelenzustand.* Doch wie schwierig ist es doch, die wahre Liebe zu erkennen durch all die parasitären Pflanzen hindurch, die sich ihr aufgepfropft haben: Begehren, Eifersucht, Selbstliebe, Mitleid, Freundschaft usf.

Ausschließlichkeit in der Liebe? Eine göttliche Liebe, das heißt eine vollkommene und absolute, umgreift *alles.* Aber auch die kleinste Liebe, wie jämmerlich sie auch sei, trägt in sich einen göttlichen Anteil (selbst die Liebe zu den Dingen). Der wahre Liebesakt ist die *freudige Kontemplation,* die ebenfalls *schöpferisch* ist.

Wie schwer es fällt, die Dinge auszudrücken, welche über unsere sensitiven Verfassungen hinausgehen. Die Sprache der Philosophie ist zutiefst geprägt von der materiellen und geometrischen Darstellung der Welt. Wie sollte man beispielsweise verständlich machen, dass *Kontemplation* nicht gleich Betrachtung ist, dass der Akt nicht notwendigerweise an eine *Versetzung von Masse im Raum* gebunden ist usf. Und wie schwierig erst, sich von der Gewohnheit zu befreien, in und mit Zeit und Raum zu denken!

Liebe ist nicht *gut, Güte* ist nicht Liebe. Hat das Christentum nicht die Liebe mit dem Mitleid verwechselt? Wenn es denn um jeden Preis eine Definition (eine Erklärung) braucht, so ist es das *Licht,* das den *Tod* erhellt. Die absolute Liebe würde den Tod überflüssig machen, es sei denn, sie selbst wäre der Tod[35].

Die Freude kann weder Begehren noch Mitleid sein.

**5. August.** – Das *Selbstbewusstsein* ist der Spiegel unseres *Ich.* Als leiblicher Spiegel vergewissern wir uns unseres Gesichts in einem [dinglichen][36] Spiegel. Unser

Ich ist pausenlos in Bewegung, das Bewusstsein geht schnittweise vor, mit Momentaufnahmen; schickte man sich an, dem Ich in seiner Kontinuität zu folgen, so wäre das Ich eingeschüchtert, würde eine Rolle spielen usf.

Ursprung des Küssens: Gemeinschaftsstreben aller Sinne (Tast-, Geruchs-, Geschmackssinn ...).

Die Eiszeit und die Menschheit. Vielleicht war es dieser Wandel der Existenzbedingungen, welcher der Menschheit ihren ersten großen Schub verpasst hat. Zu überlegen.

Erfahrung des *Tods*: Erinnerungen (oder eher das Fehlen von Erinnerung bei den Chlorophormierten ... usf., Lethargie). Beispiele für individuellen Bewusstseinsverlust, Gedächtnisverlust (das Gedächtnis basiert auf der Erinnerung), Geisteskrankheiten ...

Und allgemein: Unser individuelles Ich *reicht zurück* (Alter 3 bis 4 Jahre); war es schon früher da? Schwerlich anzunehmen. Ob es mit der Materie herangewachsen ist? Wir haben keine Erinnerungen an unseren Zustand vor der Geburt. Was uns in die Irre führt, ist das Gefühl, in uns sei etwas Unzerstörbares, Ewiges *gegenwärtig*. Doch dies ist nicht das Ich, es ist der Geist. Aber was ist das, dieser Geist?

**7. August.** – Gestern Hubert und Mauss gelesen, über das Opfer.[37] Sehr präzise in den Details, vage im großen Ganzen. Typisches Beispiel: Wenn man keinen Sinn fürs Religiöse hat, solle man sich nicht mit Religion befassen. Wie viel höher steht da Bergson.

Das nutzlose Leid ist entwürdigend, das Leiden befruchtend, verwandelnd. Ist es an uns, jenes in dieses zu verkehren?

Einzig das Bewusstsein hindert uns daran, die durch die Einbildungskraft geschaffene Welt als Wirklichkeit zu begreifen. Bei den Kindern und den Nichtzivilisierten bietet das wenig entwickelte Bewusstsein bloß einen schwachen Widerstand gegen die sensitive Energie der *Einbildungskraft* ...

Die »mystische« Erfahrung der Schamanen und Magier wäre zu untersuchen. Es macht den Anschein, als gleiche sie derjenigen christlicher Mystiker. Die Form stimmt überein. Die bewusste Darbietung ist traditionsbedingt.

Neubeginn mit *Sparkenbroke*[38] ... Ich lese ihn nun zum dritten Mal nach 1939 oder 1938. Ich war zu träge oder zu sehr zerstreut, um ihn gänzlich zu verstehen. Das zweite ... vor 5 Wochen. Das erste Buch, das mir Irène intuitiv mitgebracht hat, denn dieses Buch entsprach auf wundersame Weise dem Kreis meines Denkens, den ich in der Santé begonnen hatte. Für mich war's eine Quelle tiefer und reiner Erregung. Es ist mir sehr nah und dennoch ist es anders. Heute beginne ich mit einer »kritischen« Lektüre, doch es ist unerquicklich, keine Erregung in sich aufkommen zu lassen.

Von meiner Mutter geträumt.[39]

**9. August.** – Bin eingetaucht in *Das griechische Denken.*[40] Eine Seele, die sich verzehrt, kann die Finsternis erhellen. Materie, Energie, Raum, Zeit.

Ist die Zerrüttung des Leibs nicht eine Befreiung seiner Versatzstücke? Wenn das Wesen der Psyche bloß eine Funktion der Materie und der Energie ist, was wird dann daraus? Und stürbe das Korn nicht?..

Die Reinkarnationslehre hat eine unwiderlegbare Logik. Sie ist *materialistisch.*

Kraft-Gerechtigkeit-Liebe? (Kraft?)

**10. August.** – Seelenruhe (Ataraxie?). Das Gefühl, ich erlebte *mein* großes Abenteuer.

Von Irène geträumt, wie sie mir eine Uhr schenkt (die meines Vaters). Sühne usf. Von meiner Mutter geträumt, mit der ich jetzt *französisch* sprach, doch ich rechne *auf Russisch.*[41]

Léon Robin ist ein Thesenautor. Schade. Er lässt sämtliche irrationalen Elemente unbeachtet.

Schöpferische Liebe? Morgan ist in Mary verliebt, so wie Tolstoj in Natascha verliebt ist.[42]

**11. August.** – Ziemlich langes Gespräch mit dem Adjutanten, der völlig in Ordnung ist. Wie auch der neue Unter-Off. der Abteilung (Ersterer kommt aus Ostpreußen, der andere aus dem Rheinland). Ihr Nationalsozialismus ist voller Idealismus und tatsächlich ansteckend. An sich (sehen wir ab von unserem eigenen Schicksal) ist Hitler das positive Genie und arbeitet als solches für die Zukunft, wiewohl sein Vorgehen leidvoll ist.[43]

**12. August.** – Guten Tag, Freund, und Dank fürs Aufwecken. Ich hatte eben einen langen und seltsamen Traum: Ich träumte vom Sterben, vom Abschied in eine stets finsterer werdende Nacht, von immer einsamerer Arbeit. Du beugtest dich über mich, und ich konnte dich nicht mehr sehen, doch spürte ich undeutlich, wie mir deine Finger die Lider schlossen, und ich hab dich sagen hören: Er ist tot ... Der Schmerz durchfuhr und weckte mich. Und dann sah ich, beim Öffnen der Augen, das Gesicht eines geliebten Wesens über mir, das mir zulächelte, und sagte zu ihm: Guten Tag, Freund, Dank fürs Aufwecken. Ich hatte eben einen langen und seltsamen Traum: Ich träumte, ich sei am Leben.

Was wird aus der psychischen Energie, die beim Tod freigesetzt wird? *Natur* des Menschen? Der Begriff ist ein Unsinn. Es gibt das Individuelle und das Soziale.

Früchte (!) von Höffding erhalten.[44]

**13. August.** – Stets die gleichen Träume (wenigstens *einer* pro Nacht): Ich bin frei (geflohen), weiß aber, ich werde wieder gefasst, was dann auch tatsächlich geschieht. Doch die Einzelheiten variieren endlos (obwohl fast jedes Mal Essen und Weintrinken eine Rolle spielen) ...

Es gibt zwei *Ichs*: eins, das sich im Widerstand zur äußeren Welt behauptet, ein individuelles Ich, dem auch der Leib angehört; das andere geht aus diesem hervor und widersetzt sich dem leiblichen Ich ebenso wie dem Ich des Urbewusstseins (beide sind in Wirklichkeit eins). Man könnte es (in dem Maß, wie es vom Ich des Urbewusstseins abhängig ist) als das *Ich* des *reflektierten Bewusstseins* bezeichnen oder vielleicht als das *persönliche Ich*. Es fühlt sich vom Körper gänzlich abgelöst. Man mag invalid werden, es würde dadurch nicht geschwächt. Doch fühlt es sich in gewisser Hinsicht auch vom Bewusstsein Nr. 1 abgelöst: »Ich kann das nicht getan haben, das war nicht ich.« Da, wo es hochentwickelt ist, steht es jenseits (oder über) den Begriffen von Gut und Böse, Lust und Schmerz. Es erhebt in der Tat den *Anspruch auf Unsterblichkeit*. Es kennt die *Einsamkeit*.

**14. August.** – Von Albert Marchon *Le Bachelier sans vergogne*. Salz in die Wunde.[45]

**15. August.** – »Das Fernsein mindert die gemeinen Leidenschaften und stärkt die großen so wie der Wind die Kerzen löscht und das Feuer anfacht.« (La Rochefoucauld) Die Maxime lässt sich auf meine Gefühle für Irène übertragen: Früchte erhalten! und von Schestow *Die Schlüsselgewalt*, die ich mit großem Vergnügen lese (der Autor wäre ob dieses Ausdrucks sicherlich beleidigt, aber zu unrecht). Ich mag vor allem seine schlagende Ironie (die von Nietzsche kommt, doch bei diesem spürt man die Liebe hinter der Ironie).[46] Er hat etwas von einem alttestamentlichen Propheten und ist allgemein jüdisch geprägt.[47] Er gehört zu denen, die wie Mereshkowskij ins Himmelreich eintreten möchten mit einem Regenschirm.[48] Seine Rationalismuskritik ist sehr richtig, wiewohl er gelegentlich schwindelt. Doch ist diese Kritik hinter den philosophischen Ideen etwas zurückgeblieben. Lew Schestow lebt noch in der Epoche Nietzsches. Tüchtig fährt er mit seiner Lektüre Höffdings fort. Er ist sehr unzeitgemäß (1900), doch auch wenn man »das Datum zurechtrückt« (zurückführt auf seine Zeit), bleibt es ein schweres Buch voller Kompromisse (bedingt durch die Sorge um die Meinungen und in die Leere abstürzend, und doch kommt er später als Nietzsche und ist Bergsons Zeitgenosse). Er gibt uns keinerlei Auskunft über das psychische Leben. Dennoch ziehe ich meinen Gewinn daraus: 1) für die Begrifflichkeit; 2) um die Irrtümer und Lücken der klassischen Psychologie zu erkennen. Tatsächlich ist es für die Psychologie, was die Logik für die Metaphysik ist (allerhöchstens!).

Ich halte den Nachweis der psychischen Energie für erbracht, und daraus sind nun die Konsequenzen zu ziehen.

Das »Ich« (Bewusstsein Nr. 2) ist der Grundhalt des entwickelten Seelenlebens. *Der Egozentrismus* – eins der Grundprinzipien des Mechanismus des Bewusstseins usf. (vgl. die Sprache). *Kein* erbbedingter Evolutionismus. Als Grundlage: Materialismus oder eher noch *irrationaler Monismus.*

**16. August.** – Die Menschheit ist zweigeteilt: in solche, die um ihr Nichtwissen wissen, und solche, die nicht darum wissen. Vielleicht gibt es hin und wieder (oder hat es gegeben oder wird es geben) Wesen, die *wissen,* doch er [*sic*] würde nicht in den menschheitlichen Rahmen passen, und jedes von ihnen würde eine separate Kategorie bilden (Julien Roud), oder die, welche sich selbst rasieren, und die, welche die andern rasieren (Pao Devi).[49]

Das Schicksal verhält sich bisweilen wie ein träger Feuilletonist[50]: Hat er einmal die Intrige um seinen Helden so weit verunklärt, dass er keine logische Fortsetzung mehr finden kann, zertrennt er den gordischen Knoten, indem er seinen Protagonisten bei einem blöden Unfall (in Sachen B. Poplawskij[51]) umkommen lässt oder ihn gefangen setzt.

Es ist nur natürlich, dass ich alles auf das Gefängnis zurückführe (und doch hatte ich diese Nacht einen »zivilen« und recht amüsanten Traum: Metrostation »Barbeuville« usf.). Welches ist das bei mir im Allgemeinen vorherrschende Gefühl? Schwer zu beantworten, es verändert sich. Zur Zeit wohl dies: nicht das der *Unvermeidbarkeit*, sondern das ihrer *inneren Notwendigkeit*. Ich glaube endlich mein großes Abenteuer ausleben zu können, *mein eigenes*, und dies als eine Prüfung, auf die hin mein ganzes vorheriges Leben die Vorbereitung war. Die Prüfung ist hart, und ich bin stolz darauf. Sollte ich jedoch scheitern, so hatte ich immerhin die *Zulassung*.

Dieses Gefühl ist in meinem Bewusstsein nicht immer gegenwärtig, doch es bildet die Folie dazu.

Ich beobachte mich unaufhörlich, um (womöglich) meine *Prägung* durch das Gefängnis festzustellen. Bislang allerdings nichts mit Ausnahme einiger unerheblicher Fakten: körperliche Schwächung (obwohl ich den Hunger gewohnt bin, ihn schon fast nicht mehr spüre), Veränderung der Zeiteinschätzung: Die Tage kommen mir nicht mehr endlos vor (vielleicht, weil wir im August sind?), Kälteempfindlichkeit ... Die psychische Entwicklung ist *mittelbar bedingt* durch die Isolation, wird durch sie also nicht *verursacht*.

Ein wunderliches Faktum: Das Auftauchen von mehreren neuen Linien in meiner *linken* Hand (also nicht bloß eine Folge des Abmagerns!). Ich weiß, dass es sie vor fünf Monaten nicht gab, da ich damals meine (fast identischen) Hände mit denen von P. verglichen habe.[52] Ich überlasse dieses Faktum den Chirologen. Füge hinzu, dass es bei mir insgesamt nur wenige Linien gibt, was den Handleserinnen die Sache erschwert.
»Liebe als Kristallisation von Freude«, *Sparkenbroke*, 187.[53]

**17. August.** – Wer je seine Seele verliert, der wird sie bewahren ... usf. Doch ich sage auch: Wer die Seele eines Andern verliert, wird sie gewinnen für die Ewigkeit, und wer die Seele eines Andern für sich behält, wird sie verlieren, nicht nur die Seele jenes Andern, auch seine eigene. Ich hab dies schon vor einiger Zeit begriffen in Bezug auf die Selbstopferung. Heute Nacht hatte ich im Traum die Offenbarung einer andern Bedeutung dieser Wahrheit: Es ist Don Juans Rechtfertigung: »Ja, ich habe sie ins Verderben gestürzt, aber ohne mich wäre sie in der Mittelmäßigkeit verdämmert« usf.[54] Wenn ich die Entstehungsgeschichte dieses Gedankens zurückverfolge, komme ich erneut zu den Umständen seiner ersten, noch halbbewussten Ausformulierung: Sommer 1937, Friedhof von Petseri[55], auf dem Grab eines mit 18 Jahren verstorbenen Mädchens diese lästerliche Inschrift: »Dein Wille geschehe.« Nie werde ich diese Nacht vergessen.

Und noch ein Gedanke vom selben Ort zur selben Zeit: »Hier ruht Der-und-der, geboren am ..., gestorben am ...« Ja, beerdigt mit 60 Jahren, doch gestorben wann? Es gibt welche, die sind mit 20 Jahren tot und werden mit 70 begraben! Und es gibt andere, die hat man begraben, und sie leben fort. Und wenn die beiden Momente zusammenfallen, ist das dann ideal?

Tatsächlich ist jede menschliche Aktivität (und die ganze Evolution) auf drei Urinstinkte zurückzuführen: den der persönlichen Erhaltung, den der Arterhaltung und schließlich den des *Spiels*. Der Intellekt steht bei diesen drei Meistern im Dienst (wollte man unbedingt schwindeln, könnte man die beiden ersten als Essentiale der Natur bezeichnen und den dritten als göttliches Wesensmerkmal). Der Spieltrieb ist übrigens auch den Tieren eigen (wie auch die Intelligenz es ist), doch beim Menschen kommt er zu seinem Maximum. Er bestimmt (stets flankiert von zwei Akoluthen) die Herausbildung der Gesellschaften, der Religionen usf. »Evolution« besteht darin, dass er bezüglich seiner Beistände stets den größeren Anteil hat. Er erfindet immer wieder neue Übereinkünfte (auch dies ist ein Spiel), schafft seine Boxanlage, seine Briefmarkensammlung usf. usf. Sicherlich gibt es Ausnahmen wie jene übereifrigen Kinder, die man mit Gewalt von ihren Spielen wegzerren muss. Was übrigens in keiner Weise die Würde des Menschengeschlechts mindert.

Anscheinend ist der Spieltrieb bei männlichen Wesen größer als bei weiblichen. Bei diesen wiederum ist der Arterhaltungstrieb größer als bei jenen. Das Grundprinzip menschlicher Aktivität besteht also darin: »Spielfreude« oder »Wille zum Spiel«.

Die französischen Häftlinge gegenüber sind zu dritt in einer Zelle, die meisten wohl Kommunisten: Von Zeit zu Zeit singen sie die erste Strophe der *Marseillaise,* gefolgt von der ersten Strophe der *Internationale,* oder sie brüllen: »Die Sowjets (Servietten) allüberall«, oder: »Thorez an die Macht« (an den Galgen).[56] Doch all dies ohne große Überzeugung. Anderseits sind sie stark und einmütig, wenn sie im Chor skandieren: »Was zu essen, haben Hunger« oder »Gemüse zur Suppe«.

**18. August.** – Hunger. Die Ration war heute noch geringer als sonst.[57] Ich warte auf morgen: Die Dienstage und die Freitage sind die Anhaltspunkte in meinem Leben. Welches Buch werde ich morgen bekommen? Dies die Unabsehbarkeit meiner Existenz. Fast alle Geschehnisse sind ausschließlich intellektueller Art. »Der Intellektuelle« wider Willen!

Habe *Das Buch Hiob* gelesen, sehr tiefgründig. Wenn ich's richtig verstehe, besteht seine Idee darin: Es ist gerecht, weil Gott es gewollt hat, und nicht: Gott hat es gewollt, weil es gerecht ist. Ein *lebendiger* Gott usf.

Man könnte die Naturgesetze auffassen als Konventionen des göttlichen Spiels. Ist Gott denn immer frei, entgegen diesen Gesetzen zu handeln? Ein Gleiches bei den religiösen Dogmen. Der Gedanke hat tatsächlich etwas Verführerisches.

Willensfreiheit und Schachspiel. Unsere Handlungsfreiheit ist die der Bauern und sonstigen Figuren. Jede hat ihre Art der Fortbewegung und verfügt über eine bestimmte Anzahl von Möglichkeiten. Bei fortschreitender Partie nimmt die Anzahl der guten Züge laufend ab. Auch gibt es Positionen, die nur einen einzigen Zug zulassen usf. Abgesehen davon können sich die Figuren sehr gut vorstellen, sie hätten die Freiheit, zwischen zwei oder drei Lösungen zu wählen – vorausgesetzt, sie hätten *den Spieler vergessen.*

Ich erinnere mich an einen Vorfall in meiner Kindheit. Ich mag damals höchstens sieben oder acht Jahre alt gewesen sein und bereitete mich, in der Karwoche, auf die Beichte vor, sprach mit meiner Kusine Jewgenija von den Leiden Christi. Dabei sagte ich in Bezug auf Jesus beiläufig: Und *er* brach das Brot. Und da erhob sich in meinem kindlichen Kopf ein Zweifel: Habe ich denn das Recht, *er* zu sagen, wenn ich vom Herrn spreche? Hatte man mir doch beigebracht, von anwesenden Personen niemals in der dritten Person zu sprechen. Und ist Gott nicht immer und überall anwesend? Also bin ich Jesus gegenüber unhöflich, und das ist eine Lästerung. Der Text des Evangeliums beruhigte mich. Es gibt nichts dagegen zu sagen: Ich empfand Jesus als eine *Realpräsenz,* wie auch immer sie sich im Bewusstsein eines Jungen ausnehmen sollte. Im selben Jahr (oder im Sommer danach) hatte ich die Vision des Heiligen Georg usf.

Ich habe den *Glauben* zu meinem zwölften Lebensjahr hin endgültig verloren, ohne im Übrigen je Materialist zu werden. Gegen mein siebzehntes Altersjahr habe ich mich von der christlichen Moral losgemacht (ich meine: fast vollständig, denn es gibt Überbleibsel davon), doch erst seit einigen Jahren beginne ich die christliche *Zivilisation* abzulegen. Ein gewagtes und riskantes Unterfangen, doch es muss sein. Ich kann andere sehr leicht belügen, aber ich kann nicht mich selbst belügen. Gelingt mir nicht.

**19. August.** – Irène ist erst am Nachmittag vorbeigekommen. Warten, Enttäuschung, beinah Verzweiflung, dann Resignation und plötzlich die Freude. Habe Früchte bekommen (und weiß Gott, wie hungrig ich war!) und die zwei Bände von *Kim*. Wofür zum Teufel? Gewiss, die Lektüre Kiplings bereitet mir großes Vergnügen, doch zurzeit brauche ich gewichtigere Sachen. Ich frage mich, welche Vorstellung sie von meinem Seelenzustand hat.[58]

Vorstellung der *abstracta*, nebst den sensoriellen Vorstellungen der konkreten Dinge. Wie denken wir die abstrakten Dinge? Manchmal haben wir es mit der Vorstellung eines Seelenzustands zu tun (Freundschaft, Angst) oder mit dem Bewusstsein (Idee, Ich). (Ersteres unterscheidet sich von diesem durch das *lebendige* Gefühl, von dem es begleitet ist. Könnte man daraus schließen, es handle sich in beiden Fällen um das Bewusstsein Nr. 2?) Doch die irrationalen abstrakten Begriffe? Manchmal der Teil fürs Ganze (Raum, Unendliches, Zeit, Ewigkeit), was aber in diesem Fall völlig verfehlt ist ... Aber beispielsweise der Begriff einer vierten (oder fünften) Dimension? Ein Spiel der Sprache und der Logik? Oder sind wir in der Lage, uns selbst zu überbieten?

**21. August.** – Müde und abgestumpft. Habe S. und W. gesehen.[59] Es regnet. Habe Schlaf, leide aber unter Schlaflosigkeit. Zustand des Greisenalters.

**23. August.** – Gestern Früchte und Himbeeren aus unserem Garten und als Lektüre Goethe. Habe gestern *Götz, Egmont* und *Iphigenie* gelesen, heute *Tasso, Die natürliche Tochter* und mit dem *Faust* angefangen. *Götz* ist voller Drang und Jugendlichkeit, in den übrigen [Werken] gibt es viele schöne Dinge – wie blass das aber alles ist im Vergleich mit *Faust*! Man spürt, dass Goethe ihn für sich selbst schreibt, zu seinem eigenen Vergnügen und zu seinem eigenen Leid ohne Rücksicht auf das Publikum (Prinz). Man mag von Goethe noch so viel wissen, gleichwohl ist man stets von ihm begeistert. Ah, *der alte Herr!..*

Ich glaube, dass nun meine »Verkümmerung« einsetzt: intellektuelle Trägheit, Müdigkeit, kalte Extremitäten, Hunger. Lust zu rauchen! Manchmal die Verlockung durch den Strang. Einige Momente der Klarheit. Äußere Haltung unverändert, Ruhe, Würde, Freundlichkeit mit einem Gran Ironie.

Und doch, wenn ich an die anderen denke. Ich bin die Einsamkeit ja gewohnt, ich finde in mir selbst manche inneren Quellen, angefangen bei der Mathematik bis hin zum Schleier der Maya[60] via den inneren Dialog. Schließlich bleibt mir noch immer die Vergangenheit und im allerschlimmsten Fall die Ataraxie. Wenn ich aber daran denke, dass es im Gefängnis junge Menschen gibt, ohne Kultur, ohne Innenleben, gewohnt an physische Arbeit, an die tägliche Abstumpfung des Bewusstseins. In der Santé hab ich einen Typ von dreißig Jahren weinen sehen, Elektriker, Familienvater, dessen

Fall in keiner Weise schwerwiegend war – weinen, weil ihm *das Arbeiten* abging.

Andererseits ist es natürlich so, dass ich mehr verliere als sie. Ich wusste die Dinge *zu genießen.* Zum Beispiel fehlt mir *die Natur* usf. Ich verliere endlos viel mehr als sie, doch mit dem, was mir bleibt, bin ich dennoch viel reicher als sie. Und vor allem bleibt mir die Möglichkeit einer fast unendlichen *Bereicherung.*

Kurz: Vorteile eines »denkenden Schilfrohrs«.[61]

**24. August.** – Die Vernunft erkennt ihre eigenen Grenzen sehr gut (darin eben besteht ihre Maximalleistung, dadurch eben ist sie um Selbstüberbietung bemüht), und dann? Das Vernunftdenken ist notwendigerweise *rational.* Wo eine *irrationale Erfahrung* stattfindet, hat die Vernunft nichts zu suchen. Höchstens könnte sie dafür eingesetzt werden, eine solche Erfahrung in rationale Begriffe zu übersetzen, um sie anderen zu vermitteln, nie aber um sie zu erklären oder zu beweisen. So wird jeder seine Position wahren. Leider will der Mensch unentwegt die Quadratur des Kreises finden, das Wunder klären (warum aber letztlich »leider«: Dieser Wahnwitz entbehrt nicht der Erhabenheit und *Schönheit*). So treffen sich zwei auf unterschiedlichen Flächen gezogene Geraden nie, ohne deshalb Parallelen sein zu müssen.

Das Leben und der Tod sind zwei inkommensurable Größen.

**25. August.** – Fertig mit dem zweiten Teil von *Faust.* Der letzte Akt ist großartig. Und wenn man bedenkt, dass er 1832 vollendet wurde!

Morgan beschreibt die Liebe auf genaue und eindringliche Weise, mehr als das – er enthüllt geradezu ihr Wesen. Deshalb reicht er bei aller Besonderheit des Falls (Mary und Piers) ans Universale, Allgemeine der Liebe. Was die Kunst angeht, so ist das ein eher individueller Fall, wiewohl man hier auch wieder auf die ewigen Fragen der Kunst des Schriftstellers ganz allgemein trifft. Der Tod schließlich ist ein ganz besonderer Tod, der von Piers.[62] Es wäre aufschlussreich, Morgan mit Tolstoj zu konfrontieren.

Morgans Fragen sind nicht ganz die meinen. Die Themen, auf die ich in diesen Monaten der Einsamkeit immer wieder zurückkomme, sind: das *Ich,* die *Liebe* und der *Tod.* Nicht dass mir die Kunst gleichgültig wäre, aber für mich ist sie keine Entität in sich.

Bisweilen fühle ich in mir fast so etwas wie eine schriftstellerische Berufung, doch ist das keineswegs ein unwiderstehliches Bedürfnis. Gewiss hatte ich, als ich sehr jung war, eine bescheidene Schreibbegabung, vorab eine Sprachbegabung, und ich habe auch Inspiration erfahren. Was aber viel zu wenig ist.[63]

Das Talent ohne Genialität ist bloß ein billiges Spielzeug. Genialität ohne Talent ist etwas Bedauerliches (zum Beispiel bei Poplawskij?)[64], etwas Ungestaltes, Unfertiges.

**26. August.** – Diese Nacht von Guibot geträumt, wir sollten gemeinsam nach Tibet reisen, »und ich werde dort vielleicht in einem Kloster bleiben«, ein irgendwie prophetischer Traum, denn Irène hat mir soeben *Der Buddhismus* von Oldenberg mitgebracht.[65]

Bis heute fünf Monate Gefängnis[66] (und 25 Seiten meines »Tagebuchs«). Habe sie eben durchgelesen, es sind dies hastig hingeworfene Bezugspunkte meiner langwierigen und leidvollen Meditation. Es gibt da offenkundige Irrtümer und Grammatikfehler, sogar Widersprüche, was soll's, ich lasse sie so stehen.

In der Santé hatte ich damit begonnen, über »das Allerwichtigste« und über mich selbst nachzudenken. Jäh ist mir bewusst geworden, dass ich als denkender Mensch keinerlei bestimmte Idee von der Seele, vom Tod, von Gott usf. habe. Wie kam es dazu? Noch 1932 besaß ich ein ziemlich genaues und auch überzeugendes Weltbild, mit dem sogar Adepten zu gewinnen waren! (ich denke an die Roccos[67]) Ein eklektisches abstraktes Bild, recht merkwürdiges Gemenge von Theosophie, Anthroposophie und rationalem Monismus ... Doch seitdem ich mehr Zeit habe für das philosophische Spekulieren und weil ich anderseits sehr aufnahmebereit bin, hat sich der innere Wandel im Dunkeln fortgesetzt und, unter Druck gesetzt, bin ich lediglich auf vage Gefühle und Neigungen gekommen.

Sehe ich nun klarer? Ich kann jedenfalls in voller Offenheit das Folgende bekräftigen: 1) ich glaube nicht an ein individuelles Fortleben, aber an die Ewigkeit des Geists; 2) ich habe keine Angst vor dem Tod, liebe aber zutiefst das Leben mit all seinen materiellen Gütern[68]; 3) habe aufgehört, ein Weiser zu sein, und bin (wieder) menschlich geworden, diese Niederlage ist mein großer Sieg; 4) was auch kommt, ich empfinde kein Bedauern und keine Gewissensbisse, meine ganze Vergangenheit erscheint mir als eine logische und notwendige Entwicklung meines Wesens.

Ich denke, das ist doch etwas! Um gleich noch beizufügen, dass ich eine bessere Kenntnis meiner selbst habe und das Verständnis für die Gefühle, die ich bei anderen geweckt habe. Letztlich finde ich, offen gesagt, dass das Gefängnis für mich die größte Wohltat ist (wie immer mache ich mir den Gegensatz zunutze), und ich mag gern für weitere fünf, sechs Monate hier bleiben, jedoch die Aussicht, für mehrere Jahre nach Deutschland zur Zwangsarbeit gebracht zu werden.[69] Wahr ist, dass mir noch immer ein Mittel zum Schlussmachen bleibt – *ultima ratio* –, doch läuft das meinem ästhetischen Gefühl zuwider. Der Selbstmord ist ein Akt höchsten menschlichen Wollens, solange er nicht durch einen äußerlichen Grund bedingt ist, ansonsten ist's ein Unfall oder Feigheit. Und dann gibt es auch noch Irène.

*Selbstmord.* Akt, durch den der Mensch sich überbietet und sich verwirklicht, mithin ein dem Menschen *natürlicher* Tod. Doch nur selten ist er dies (selbst Kirilow in den *Besessenen* ist zum Selbstmord *verpflichtet*).[70] Außer dieser – der einzig reinen – Form gibt es noch:

den Unfall (oft Feigheit), hervorgerufen durch eine momentane Regung, wenn der Versuch misslingt, ist der Kandidat entzückt und bleibt dem Leben mehr als je verbunden (die meisten Selbstmordfälle gehören zu dieser Kategorie); Akt des *Selbstschutzes,* zum Beispiel bei einem Greis, der sich des Verlusts seiner geistigen Fähigkeiten bewusst wird, ein Gefangener, der unter Folterdrohung befürchten muss, eine Aussage zu machen, ein Kranker, der nicht leiden will; schließlich ein Selbstmord der *Schicklichkeit* (ein Spieler, der das Geld eines andern verloren hat usf.), der eigentlich zur Kategorie der Unfälle gehört, mit dem Unterschied freilich, dass er gänzlich durch das soziale Ich bedingt und gewissermaßen eine Selbstbestrafung ist. Einzig der erstgenannte ist ein richtiger Selbstmord.

**28. August.** – Vom Gebirge geträumt, einsamer Aufstieg, dann abgestiegen, um Irène wiederzufinden. Gestern *Le Canard enchaîné* vom 3.1.40 gelesen!![71] (Am selben Tag traf ich zu meinem ersten Urlaub in Paris ein!) Komischer Eindruck!

**29. August.** – Habe *Die schöpferische Entwicklung* erhalten, große Freude.[72] Wenn ich Buddha lese, kommt mir unweigerlich der Gedanke, dass wir lediglich die exoterische Doktrin des Buddhismus kennen. Der wesentliche Unterschied zwischen dem Buddhismus und dem Christentum besteht vorab im buddhistischen *Stolz*: Der Mensch befreit sich ganz allein, ohne Beihilfe der Gottheit, selbst die Götter beneiden den Buddha, und selbst der Buddha ist für das Heil des Menschen nicht gänzlich überflüssig, er selbst wird ein solcher.

Laval Opfer eines Attentats durch einen gewissen Paul Colette?[73]

**31. August.** – Vom Land geträumt, von den Mimosen (Irène und ihre Mutter usf.). Von einer seltsamen Person in Lumpen, so etwas wie ein Bettler oder Vagabund, er ist ins Getriebe einer Walzanlage geraten, ich habe den Mechanismus angehalten, er hat sich klaglos entfernt, ohne sich das Ungemach anmerken zu lassen: aus *Stolz.*

Nach dem Aufwachen aus diesem Traum (ich schlafe schlecht, erwache und schlafe erneut ein, fünf, sechs Mal und mehr) hatte ich sehr klare Ideen über das *Denken*, das *Handeln* und die *Kunst*: Es war ein intuitives Verstehen. Ich will versuchen, sie in Worten auszudrücken:

1) Wir handeln als lebendige Wesen, doch unser Intellekt denkt nur als totes Material in der realen Zeit (das ist Bergson).

2) Von daher die Nichtübereinstimmung zwischen Denken und Handeln.

3) Diese Disharmonie (Nichtidentität) hat keine Notwendigkeit. Sie rührt wohl vorab von der Gewöhnung an eine bestimmte (vor allem der Sprache geschuldete) Form der Reflexion ...

4) Zusammenfassend: Unsere Vorstellungen allgemein sind abstrakt, wohingegen die Realität einzig das Konkrete (Einmalige, Zeitliche usf.) kennt.
5) Ein Kunstmaler ist jemand, der einerseits konkret denkt und anderseits bestrebt ist, der Zeit den Fluss des Lebens zu entziehen. So verwirklicht er die Übereinstimmung (Identität) des Denkens und des Handelns auf halbem Weg zwischen Leben und Idee.

Ein weiteres Beispiel (der höchste Grad): die Musik. Das ist zu gleicher Zeit eine Abstraktion und eine Dauer. Man könnte versucht sein zu sagen, es sei das *Leben* der *Ideen.*

Der Tanz bietet eine aus der Konkretisierung von Vorstellungen usf. gewonnene Identität.

Anders gesagt: Die Kunst besteht in der Identifikation von *Denken* und *Handeln* (darin ist sie göttlich).

Der Fall der Literatur verdient separate Erörterung angesichts dessen, dass sie sich einer so besonderen Materialität wie der Sprache bedient ...

Etwas Ähnliches gibt es im Sport: Unser Denken wird gelebt. Usf.

*Der funkelnde Fluss* gelesen.[74] Weniger gut als die Romane (von Morgan), aber höchst interessant. Ebenso der Versuch über die Einheit des Geists. Er ist nicht philosophisch (die Engländer sind zur Philosophie entschieden unfähig), aber psychologisch und moralisierend. Gebe viel für das Begreifen von Morgans Denken.

**1. September.** – Merke aus meinem Traum von heute Nacht: »Wissenschaftlich von der Seele reden ist wie pissen vor Publikum« (von mir gesprochen als Schlusswort zu einer Konferenz!). Worauf ich erwachte, bedrängt vom Bedürfnis zu pissen. Doch der Satz ist gut.

Vor zwei Jahren ...[75] Der Krieg usf. Habe zu viele Erinnerungen daran. Erinnerungen, ja, ich kann damit ein ganzes Leben füllen, aber bin ich denn so alt, um vom Vergangenen zu leben? Habe ich tatsächlich jegliche Zukunft verloren? Dreiunddreißig Jahre, das ist zu viel und zu wenig. Es gibt für mich noch so viele Dinge zu entdecken und zu verwerfen.

**4. September.** – Gedichte geschrieben: »In der Stille meiner Zelle ...«

**6. September.** – Angefangen, Griechisch zu lernen.[76]

**9. September.** – Gestern zweite Lektüre des *Sparkenbroke* abgeschlossen.[77] Morgan besitzt eine Beschwörungskraft (zum Beispiel die Beschreibung der Natur oder von Lucques), die mich schwer verstimmt

… sogar in Übersetzung. Sein Verfahren bei der Verwendung der Zukunftsform ist sehr wirkungsvoll: Tatsächlich ist eine Darbietung der Zukunft oft anrührender als eine Erinnerung. Die Philosophie ist hier, was ihre Fundierung angeht, platonisch, obwohl die Begrifflichkeit auf die Bergsonlektüre verweist. Er hat in der Literatur etwas Neues gemacht, einen Schritt nach vorn getan, aber für die Massen ist das keine Nahrung, nur eine Elite vermag sich ihm anzunähern. Bestenfalls. Insgesamt liegt alles in der Tiefe und ist deshalb etwas eng. (Um gleichzeitig *weit* und *tief* zu sein, Tolstoj, braucht's mehr als ein entschlossenes *Genie*.)

Ich genieße die geistige Ruhe. Weder Ataraxie noch Resignation: Es ist eher eine Art von Akzeptanz. Und keinerlei Ungeduld.

**10. September.** – Evolution der Sprache (?): Die Griechen verfügten vor mehr als zweitausend Jahren über eine Sprache, die hinter dem modernen Französisch in nichts zurückstand. Und man darf nicht vergessen, dass das Französische eine äußerst privilegierte Sprache ist, welche im Verlauf ihrer Evolution als *ultima ratio* stets die Möglichkeit bewahrte, aus ihrer ersten Quelle zu schöpfen. Schon früh haben sich auch der Klassizismus und die Grammatiker in ihren Dienst gestellt. Auch darf man nicht vergessen, dass es für sie schon vor ihrer Geburt eine Schrift gab … (Die politischen Voraussetzungen erklären ihre Überlegenheit.)

**12. September.** – Schreibpapier erhalten, einen Bleistift, viele Nahrungsmittel und ein Buch von N. Losskij.[78] Welch eine Freude, weißes Papier zur Hand zu haben!

**13. September.** – Habe ein wenig Losskij gelesen: intuitivistische Bewusstseinstheorie. Offensichtlich hat ihm sein Übersetzer sehr schlechte Dienste erwiesen, aber auch sonst ist alles schwer und kompliziert genug. Paragraphen, Zeichnungen, Endungen[79] – er ist bei den deutschen Philosophen zur Schule gegangen. Man hat manchmal den Eindruck, er sei bemüht, einfache Dinge auf komplizierte Art zu formulieren. Was für ein Unterschied zu Bergson, der einem mit vollkommener Einfachheit und Eleganz die schwierigsten Dinge sagt.

Ich halte mein Urteil bezüglich der Grundlage von Losskijs Denken zurück. Dennoch scheint mir die Erkenntnis vor allem *menschlich* zu sein, das heißt, dass die Wahrheit, die sie zu erschließen vermag, weder eine *absolute* noch *absolut objektive* Realität ist, und anderseits auch nicht *ausschließlich subjektiv* ist: Der Solipsismus ist ja ein Widerspruch in sich selbst. Man kann in gewisser Weise die Erkenntnis mit der Sprache vergleichen: Jeder Mensch hat die ihm eigene Sprache, ein jedes Wort hat für jedes andere sprechende Subjekt einen andern Sinn, und doch existiert die Sprache: Wir verstehen einander wechselseitig. Übrigens sollte man in der Philosophie nicht mit der Erkenntnistheorie beginnen, sondern mit einer Übersicht über die Sprache, denn sie ist es, die für jegliche philosophische Theorie das Material liefert.

Das Denken und die Sprache im Allgemeinen sind unauflösbar und ihre Einflüsse wechselseitig. Diese Tatsache hat die Aufmerksamkeit der Denker bislang in ungenügendem Maß auf sich gezogen. Wenn aber unsere Sprache einer anderen Entwicklungslinie gefolgt wäre, wäre auch der Vorgang des Denkens (Spekulation) ein völlig anderer geworden. Vgl. dazu beispielsweise die linguistischen Fakten in anderen Systemen (dem Japanischen). Der (übrigens totgeborene) Futurismus Marinettis; die Versuche, eine Sprache jenseits der Vernunft zu schaffen, bei Chlebnikow usf.[80]

**14. September.** – Die griechische Sprache ist ein ausgezeichnetes Mittel, um die Zeit hinter sich zu bringen. Die Lektüre von »Romanen« regt zu sehr meine Lebenslust an (habe heute von Constantin-Weyers *Ein Mann beugt sich über seine Vergangenheit* in »Lisez-moi« Auszüge gelesen).[81] Dagegen passen die philosophischen Lektüren sehr gut zu meiner Situation, auch liefern sie das Material für das nächtliche Nachdenken (es gibt kein Licht, also ist man gezwungen, für fast zwölf Stunden im Bett zu bleiben; im Winter werden es womöglich sechzehn sein). Insgesamt fühle ich mich nicht allzu unglücklich. Noch nicht oder nicht mehr?

Wenn (und falls ...) ich die Freiheit wiedergewinne ... was wäre für mich (oder eher in mir) anders? *Umwer-*

*tung aller Werte*? Doch nicht, eher schon eine Intensivierung der Aufmerksamkeit für Personen und Dinge. Eine erhöhte Empfindsamkeit. Eine *Vermenschlichung*. Gewiss keinerlei Revolution; eher der Abschluss einer Evolution, Vollzug des Menschseins. Dies ist die Richtung, die ich seit 1937 eingeschlagen habe (von 1934 bis 1937 hatte ich vergeblich versucht, mich am Himmel festzuklammern).

**15. September.** – Habe heute einen Brief an Irène geschrieben, es ist der erste aus Fresnes.[82] Merkwürdige Erfahrung, die Tatsache, dass mein Brief zuvor von einer unbekannten, mir prinzipiell feindlichen Person gelesen wird, ist mir sehr peinlich. Mein Brief wäre anders, nicht nur dem Inhalt, auch der Form nach, wenn ich wüsste, dass er Irène direkt erreichen würde. Ich habe den Eindruck, gelogen zu haben mit der Beteuerung, ich sei stets himmelhoch jauchzend ... Doch die Absicht dieser Sendung besteht ja darin, Irène zu beruhigen. Im Übrigen ist das keine Lüge, vielmehr eine Auslassung (was aber selbstverständlich auf ein und dasselbe hinausläuft). Habe in meinem Brief von meiner Liebe und meiner Zärtlichkeit gesprochen ... Ich weiß, was dies bedeutet, ob aber auch Irène es weiß? Sie wird wohl versucht sein, beides auf ihre Weise zu deuten, also ihr eigenes Verständnis von Liebe und Zärtlichkeit zu unterstellen, und eines schönen Tages, wenn wir einander wieder treffen, wird sie womöglich grausam enttäuscht sein, in mir nicht das gefunden zu haben, was sie mir zugedacht hat. [...]

Habe heute Nacht von Irène geträumt. Ein denkbar schlichter Traum, habe bloß ihr Gesicht über dem meinen gesehen, ganz nah, ein zugleich lächelndes und verträumtes Gesicht. Bin aufgewacht und habe, als mir der Verlust bewusst wurde, meinen Traum wieder aufgenommen und Irène erneut vorgefunden. Ich konnte ihr meine Zärtlichkeit bekunden, bevor sie wieder verschwand.

**16. September.** – Kein Buch erhalten. Soweit ich verstanden habe, ist Éveline vorbeigekommen und hat kein Buch mitgebracht. Das ist an sich kein großes Unglück, habe ich doch weiterhin meine griechische Grammatik, um mich zu beschäftigen.

Bin gestern mit dem Buch von Losskij fertig geworden. Es gibt da ganz interessante Dinge, vorab jene, die nicht dem Autor zu verdanken sind, was dieser auch mit aller Aufrichtigkeit zugibt (Driesch, Hartmann)[83], der Rest kommt mir sehr mittelmäßig und eher naiv vor, um es nicht fieser zu sagen. Bildet der Autor sich ein, es genüge, einen neuen Begriff wie »Intuition« zu finden, um das Erkenntnisproblem insgesamt zu lösen? Und sieht er nicht, dass der »Intuitivismus« die Dinge außerordentlich kompliziert macht, statt sie, wie er meint, zu vereinfachen? Überdies ist nur allzu deutlich zu sehen, dass es sich um eine thesenhafte Arbeit handelt: vorausgesetzt, dass die neue Theorie die Wissenschaft nicht erschüttert, hat weder das Trägheitsgesetz noch das Gesetz der Energieerhaltung etwas zu befürchten, und nur sehr widerwillig und gegen seine Überzeugung findet sich der Autor bereit, das Entropiegesetz zu modifizieren durch die Doppelung mit der Lebensextropie ... Vom Stil schon gar nicht zu reden (das ist geschrieben für Schüler der Sekundar...). Das ist bedauerlich, und was mich am meisten aufbringt, ist die Profanierung des Worts Intuition, das noch zu seinem Recht wird kommen müssen. Schon Bergson hatte es ohne Not herabgemindert, indem er aus der Intuition einen schlammigen Grenzbereich des Intellekts machte, ein Überbleibsel des Instinkts. Sicherlich hat er recht mit der Behauptung, der Mensch habe den Instinkt nicht gänzlich eingebüßt, doch Instinkt und Intuition sind nun mal verschiedene Dinge. Letztere findet sich beim Intellekt nicht als ein Überbleibsel, vielmehr als ein Embryo. Man könnte – durchaus im Rahmen der schöpferischen Entwicklung – davon ausgehen, dass die Entfaltung des Intellekts auf zwei Linien sich vollzieht: jener der Vernunft (ratio) und jener der Intuition usf.

Um auf Losskij und die Erkenntnistheorie zurückzukommen, so scheint mir, es gibt zwei voneinander völlig unabhängige Weisen der Erkenntnis: analytische Erkenntnis, die ihre reinste Verwirklichung in den sogenannten exakten Wissenschaften findet, und sonstige Erkenntnis (ich habe kein Wort für deren Bezeichnung: total, global, synthetisch, intuitiv, irrational? – wie man will), deren Gipfel in der Liebe erreicht wird. Und das Erkenntnisproblem stellt sich ganz unterschiedlich je nachdem, ob es dabei um Mathematik oder Liebe geht.

Habe außerdem Band 1 von *Das Mittelalter* abgeschlossen. Die Kapitel mit allgemeiner Thematik sind hervorragend, der Rest ist zermürbend, ein äußerst unglückseliger Kompromiss zwischen einem Buch für das breite Publikum (Vulgarisierung) und einem Arbeitsinstrument für Studierende. Und wie alle Kompromisse stellt dies auch seine Absicht in Frage.

Wir haben die Gewohnheit angenommen, die Geschichte stets in der zeitlichen Abfolge der Ereignisse auszubreiten. Sollte man nicht, wenigstens für einmal, den Versuch machen, mit der Gegenwart zu beginnen und zur immer weiter zurückliegenden Vergangenheit vorzudringen? Das wäre eine praxisorientierte Geschichte, die nur das berücksichtigen würde, was durch die Zeiten und Kontingenzen hindurch sich halten kann. Womöglich ohne »wissenschaftlich« zu sein, könnte sich die so aufgefasste Geschichte als wirkungsstark erweisen. Ich gestehe aber, dass dies verdammt schwer zu verwirklichen ist.

**17. September.** – Von zwei Dingen nur eins: Wenn man dem Menschen eine Seele zugestehen mag, ist es nur logisch, das Vorhandensein der Seele bei sämtlichen Tieren und vielleicht sogar bei den Pflanzen in Betracht zu ziehen – sonst aber muss man die Seele einigen wenigen Repräsentanten einer höheren Menschenart und den Engeln usf. vorbehalten. Klar ist jedenfalls, dass der Unterschied zwischen zwei Menschen oftmals größer ist als der zwischen einem Menschen und einem beliebigen Tier, natürlich nur in geistiger Hinsicht, aber ist sie (diese Hinsicht) nicht bei weitem wichtiger?

Was soll letztlich die Theorie der Wertgleichheit jedweden Menschenwesens bedeuten? Insofern, als jedes ein Geschöpf Gottes ist? Doch die Tiere usf. sind es ebenso. Man muss Christ sein, um das Prinzip der Gleichheit aller Menschen gelten zu lassen. Und doch sind es gerade antireligiöse oder areligiöse Lehren, die dessen Verwirklichung wollen. Das Christentum ist eine Zivilisation geworden (ohne allerdings aufzuhören, eine Religion zu sein), will heißen, es bildet die irrationale (»instinkthafte«, unterbewusste) Basis unsres Denkens. Wenn man nicht Christ ist, hat die Gleichheit aller Menschen keinerlei logischen Sinn. Worin der Hitlerismus konsequenter ist als der Kommunismus oder die Demokratien. Doch logisch zu sein heißt nicht, Recht zu haben, wiewohl es Philosophen gibt, die so denken.

Die französische Dekadenz zeigt sich in der intellektuellen Überproduktion. Niemand will irgendetwas ernst nehmen außer sich selbst und sein eigenes Leben. Darin manifestiert sich aber doch im Gegenteil ein Mangel an Intelligenz. Zu viel und zu wenig aufs Mal. Nähme man sich selbst ebenso wenig ernst wie das Vaterland, den Staat usf., man hätte etwas erreichen können.

Die Deutschen indes nehmen das Leben furchtbar ernst. Sie sind »tüchtig«. Was übrigens das beste Kompliment ist, das man ihnen machen kann. Doch ein Franzose könnte das nur spöttisch meinen.

**18. September.** – Um aufrichtig zu sein, muss ich gestehen, dass ich ein geborener Abenteurer bin und es auch bleibe. Meine jähe Leidenschaft für die Philosophie ist bloß geistiges Abenteurertum. Die philosophischen Lehren machen mir Spaß, wie einstmals die Reisen, die Kriminalromane, Frauen und ethnologische Forschungen mir Spaß gemacht haben. Das Schlimmste daran ist, dass ich's ohne Scham gestehe. Es ist nun mal so, dass ich die Philosophie zwar für eine tolle Sache halte, in keiner Weise aber an ihre letzten Wahrheiten glaube, wie übrigens an keinerlei erste Wahrheiten. Keine dieser Lehren besitzt eine feste Grundlage, jede philosophische Argumentation lässt sich so zusammenfassen: Ich will, dass es so sei ... Doch hindert mich diese Distanznahme keineswegs daran, den Philosophengeist zu genießen und zu schätzen. Ganz im Gegenteil, ich nehme dessen Überlegungen gern auf und verfolge sie bis zu ihrem Schluss, um zu sehen, was daraus hervorgeht. (Es gibt im Übrigen Theorien, die ich anderen vorziehe, ohne sie deswegen für richtiger zu halten.)

Dieser Dämon der Neugier ist eben das Kennzeichen des Abenteurertums. Liebe für das Unvorhersehbare. Als ich noch Schach spielte, kam es des Öfteren vor, dass ich einen unbedachten Zug tat: nicht aus Unbedarftheit oder mentaler Trägheit, sondern nur einfach um zu sehen, welchen Effekt er haben würde und wie ich damit zurechtkomme. (Üblicherweise bin ich damit gut zurechtgekommen, und es lag mir vor allem daran, hoffnungslose Partien zu gewinnen.)

Ebenso im Leben: Ich lasse mich bewusst auf schwierige oder verzweifelte Situationen ein, um zu sehen, wie ich mich ihnen wieder entziehen kann oder was das Leben selbst vorkehrt, um eine komplizierte Situation zu bereinigen. Es ist herrlich, einen Punkt erreicht zu haben, wo einzig ein Wunder einen noch retten kann (vorab deshalb, weil man ja nicht immer sicher sein kann, dass das Wunder eintritt).

Diese meine Geistesverfassung erklärt sich einerseits aus meinem bei erstem Zusehen paradoxalen Charakter: bei perfekt durchgehaltener Selbstbeherrschung sich auf absurde Dinge einzulassen. Gewiss doch, ich weiß, dass ich mir Probleme einhandle, die ich auch vermeiden könnte, doch das will ich gerade nicht. Im Gegenteil, mein größter Wunsch ist es, diese Selbstbeherrschung zu verlieren. Deshalb gebe ich so gern irgendeiner Laune nach, ich bestärke sie sogar, in der Hoffnung, sie werde mir zur Leidenschaft und könne mich auf die *terra incognita* des Abenteuers locken.

Materielle, intellektuelle, spirituelle Abenteuer. Ob ich mit dem Allerheiligsten spiele? Mag sein, ist aber nicht die ganze Welt ein simples Spielzeug der Götter?

**19. September.** – Habe viel Nahrungsmittel bekommen, aber keine Bücher. Unter anderem Lebkuchen, kulinarische Probe von Éveline. Die liebe Kleine. Tatsächlich verwöhnt man mich und hat damit sicherlich Unrecht. *Vae victis.*

Heute Nacht ein witziger Traum: Ein Haufen von Bekannten und Verwandten kamen drin vor. Erst nach dem Aufwachen wurde mir bewusst, dass sie alle bereits tot sind. Mit der einen Ausnahme von W. Smakow[84], der aber vielleicht ebenfalls gestorben ist. Ich denke nie an ihn und kann keinerlei Ideenverbindung ausfindig machen, die mich von ihm hat träumen lassen.

Das gewichtigste Argument zu Gunsten des freien Willens des Menschen ist zweifellos dies: Wenn alles vorhergesehen und vorbestimmt ist, müsste Gott vor Langeweile sterben ... Ich biete dieses Argument der Heiligen Kirche kostenlos an, zweifle aber, dass sie davon Gebrauch macht.

Die fröhliche Verzweiflung – ein schöner Titel für Nietzsche. Würde ich je ein Buch schreiben, ich würde lediglich Anhaltspunkte nennen und wählte den Titel: Raffungen. Jedermann wäre frei, den Raum zwischen den Punkten nach eigenem Gutdünken zu füllen, und so fände er dort, was er selbst eingesetzt hätte. Das wird ein großer Erfolg werden.

**20. September.** – Heute mein erster Spaziergang (bin seit dem 16. Juni in Fresnes). Ein riesengroßes Vergnügen und gleichzeitig bringt's einen wieder in diese Zerknirschung.

Heute Nacht gelang es mir, eins der illogischen Verfahren der Traumlogik beim Schwanz zu packen: Ich träumte (wie so oft) von einer Flucht; als ich draußen auf der Straße war, überlegte ich, wie ich mich verhalten sollte, um mich einer möglichen Verfolgung zu entziehen, und ich formulierte meine Überlegung wie folgt: pa-tro-ma-to-pro pa-tra mo-ta-pra... und habe nach dem Aufwachen diese Wörter skandierend wiederholt, die in meinem Traum nicht nur eine klare Bedeutung hatten, sondern auch die magische Kraft einer Beschwörung ... Doch ich konnte diese Traumformel nicht in die Sprache des Wachzustands übertragen. Selbst bei der Annahme, die Laute könnten mir durch das Griechischstudium eingegeben worden sein, lässt sich nichts erklären.[85]

**21. September.** – War beim Spaziergang. Eine schöne Herbstsonne, ein schöner und warmer Tag. Danach wirkt die Zelle düster.

Habe von Curt Riess *Das unbekannte Hollywood* gelesen.[86] Eine recht mittelmäßige Reportage, aber die Probleme, die sie angeht, sind sehr tiefgreifend. Hollywood ist die Quintessenz Amerikas und Amerika ist die Quintessenz der westlichen Zivilisation in ihrer aktuellen Tendenz. Ein entsetzliches Bild. Ich finde, die Vereinigten Staaten sind ein entsetzliches Land ...

Das Unheil dieser Zivilisation besteht darin, dass sie durch ihre Technik überwältigt ist. Der Mensch ist nicht mehr Herr seines Lebens, er hat abgedankt zu Gunsten der Industrialisierung, des Kollektivs, der

Anonymität. Der Masse. Vgl. das Beispiel des Kinos: Es belehrt die Massen, tut aber nichts anderes, als sich deren Geschmack anzupassen. So werden typisierte Menschen geschaffen, Idealtypen, standardisierte Lebensläufe, angepasste Liebe usf.

Es wäre übrigens verfehlt zu glauben, dies sei ein besonderes Kennzeichen unserer Epoche und unserer Zivilisation. Es ist ein ähnliches Phänomen wie beim Stillstand der chinesischen Zivilisation vor vielen Jahrhunderten. Tendenz zur Trägheit, Gesetz der minimalen Anstrengung. Nachdem eine gewisse Dominanz über die Materie erreicht war, strebte die Menschheit nach materieller Fortentwicklung und vernachlässigte vollständig die geistige Entwicklung. Das ist eine Flucht, ist Rückzug aus Trägheit. Jedoch, und darin liegt die Sache anders als im Fall Chinas, wendet sich das Mittel, das ihr die Stabilität hätte bringen und den ruhigen Schlaf der Seele hätte sichern sollen, gegen sie selbst. Der gegenwärtige Krieg ist bloß eine relativ harmlose Unterdrückung des Kontrollverlusts der Menschheit über ihr eigenes Verhalten. Und die Menschen sind sich dessen noch nicht bewusst.

**22. September.** – Genesis, Kap. I, II, III. Nach der Erschaffung des Menschen konnte sich Gott (oder Die Natur oder auch Das Leben) zur Ruhe setzen. Der Mensch selbst übernahm danach die Aufgabe, den Schöpfungsprozess fortzuführen. Tatsächlich ist das Menschengeschlecht das einzige, das fähig ist, das Antlitz der Erde umzugestalten. Es breitet sich zunächst nach allen Seiten aus und trägt zum Verschwinden gewisser Tierarten bei (wir haben den »Büffel« von Belowesh vor Augen), derweil es andere fördert, neue Pflanzen kreiert usf., gar nicht zu reden, beispielsweise, vom Suezkanal oder vom Panamakanal. Dazu kommt, dass die Menschheit nur einen geringen Teil ihrer Kräfte für die Eroberung der Natur einsetzt, während der Großteil in ihr selbst zur Anwendung kommt (man errechne die Lebens- und Arbeitskosten von Kriegen und vorab von deren Vorbereitung). (In diesem Punkt könnte man Bergsons Theorien fortführen und sagen, das Ziel der schöpferischen Evolution bestehe darin, den größtmöglichen Ertrag an psychischer Energie zu erreichen, den das menschliche Denken in sich birgt. Man könnte damit selbst die Kriege erklären.) Deshalb bin ich der Ansicht, dass Gott sich erst dann zur Ruhe gesetzt hat, als die ersten Menschen aus dem Paradies vertrieben waren. Die Frau wurde dem Mann zugeordnet, weil dieser sich langweilte (vgl. II, 20).

Der verbotene Baum ist nicht der Baum der Erkenntnis (Schestow schwindelt[87]), sondern derjenige der Erkenntnis von *Gut und Böse* oder, anders gesagt, der *Moral.* Und dies ist klar: *Die vollkommene Liebe* kennt weder Gut noch Böse; sie steht darüber; erst dann beginnt der Mensch zu moralisieren, wenn ihm die Einheit von Geist und Liebe abhanden gekommen ist und er sich behelfen will mit dem mechanistischen Verfahren der Moral (vgl. Hl. Augustinus: »ama et fac quod vis«[88]). Der Mensch hat die Erkenntnis seiner selbst gewonnen, doch er verlor, wohl für immer, das Gefühl für die in sich einheitliche und absolute Wirklichkeit. Er wird zu einem individuellen, in sich selbst gefangenen Wesen und ist in der Lage, eine innere, von der Natur unabhängige Welt zu schaffen. Eben davon spricht die Schlange: Ihr werdet wie die Götter sein und Bescheid wissen über Gut und Böse (III, 5). Und im Übrigen gibt Gott ja selbst seine Eifersucht auf den Menschen zu: Und da ist nun der Mensch wie einer von *uns* geworden (III, 22), und dies eben ist der Grund dafür, dass er ihm den Zugang zum Baum des Lebens verwehrt (vgl. Heraklit: Die Menschen sind sterbliche Götter und die Götter sind unsterbliche Menschen[89]).

Anderer Punkt: Es ist völlig verfehlt, den Sündenfall als Geschlechtsakt zu deuten. Allem Anschein nach war die Liebe von Adam und Eva vollkommen und vollständig, bevor sie die verbotene Frucht aßen: Ihre Liebe kannte keine Scham (III, 7). Der Sündenfall ist, im Gegenteil, der Verfall der Liebe: Die beiden Liebenden wurden eingesperrt in ihre Individualität, ihre Vereinigung wird materiell, kann nicht mehr vollständig sein.

Es kann übrigens auch sein, dass Adam vom Nichtstun gelangweilt war und dass Eva ihm zuliebe die Sünde begangen hat. Damit wäre die Geschichte wenigstens als der erste Ehebruch ausgewiesen ...

**23. September.** – Habe *Das Heilige* von Otto[90] und viele Esswaren erhalten. Darunter ein Stück Hühnchen.

Gott, wie lecker das war! Ich habe unmittelbar und offenkundig die Begriffe des »Heiligen« und des »Erhabenen« erfasst! Wie kann man die leiblichen Freuden verachten? Mag sein, die Sprache wurde durch den Intellekt geschaffen (bin mir nicht sicher). Sicher ist jedoch, dass die Sprache ihrerseits den Intellekt hervorbringt. Ohne ihn wäre die Evolution der Menschheit nicht möglich. Die Natur hat den Menschen als schwaches und schutzloses Wesen geschaffen, hat ihn aber (unzweifelhaft absichtsvoll) mit diesem wunderbaren Instrument (?) ausgestattet, das für die Menschheit zu dem geworden ist, was das Gedächtnis für das Individuum ... Es geht hier nicht um eine physiologische Struktur: Papageien zum Beispiel vermögen durchaus artikulierte Laute auszustoßen. Zweifellos haben die Tiere untereinander ihre eigenen Kommunikationsmittel: den Gesang, den Schrei, das Gebell, die Zeichen usf. usf. Doch im Gegensatz zur Menschensprache halten sie bloß einen Seelenzustand des Tiers fest (wenn man es so sagen darf), und nicht Dinge der Außenwelt. Dagegen tun sich die Menschen in vielfacher Hinsicht schwer, wenn es darum geht, ihren Bewusstseinsstand (der aber auch unendlich viel komplizierter ist) auszudrücken. Diese Sprache ist vorab für den *homo faber* bestimmt, sie ist analytisch und ist auf die materielle Welt (die unbeseelten Gegenstände) abgestimmt. Die Folgen ...

Jede Sprache bildet eine Ganzheit. Wenn ich eine neue Sprache erlerne, beginne ich zu übersetzen: Die Wörter meiner Muttersprache werden gepaart mit denen der Sprache, die ich erlerne. Das ist mühevoll. Doch später (und es ist ziemlich schwierig, den genauen Moment zu erfassen) kommen mir die Wörter kraft eines geheimnisvollen Eindringens ganz natürlich in der Sprache in den Sinn, in der ich mich gerade ausdrücke. Und ich vermag (mehr oder weniger gut) in drei oder vier Sprachen zu reden, ohne sie wechselseitig zu vermengen.

Andererseits kommt es vor, dass ich Ausdrücke einer Fremdsprache verwende, für die ich kein Äquivalent in meiner Muttersprache zur Verfügung habe, besonders beim Denken, wenn ich nicht nach den passenden Wörtern suchen will.

Doch es geht noch weiter. Hier ein konkretes Beispiel: Ich denke jetzt französisch, ganz natürlich, rechne aber weiterhin auf Russisch, und mein Denken nimmt (wenn ich es beobachte) sehr komplizierte syntaktische Wendungen an. Wenn ich sie formulieren (zum Beispiel niederschreiben) will, bekunde ich viele Schwierigkeiten beim Einsatz des Subjunktivs, der Konditionalformen usf. Doch dies behindert mich in keiner Weise, wenn ich in gewohnter Art und Weise denke, ohne mir schwer zu tun mit der sprachlichen Seite des Denkens.

Was bedeutet dieses Faktum? Dass ich nicht in Worten denke? Das ginge wohl zu weit. Doch das Gefühl für die Beziehungen zwischen den Elementen des Denkens, das ich beim Erlernen meiner Muttersprache erworben habe, überdauert in meinem Bewusstsein unabhängig von der Sprache und bildet eine Hülle, welche die Elemente einer andern Sprache in sich aufzunehmen vermag. Die Wörter einer solchen (und mein französischer Wortschatz ist äußerst reich) gleiten über in die vorgegebenen Hüllen, doch bemühe ich mich nicht zu beobachten, wie sie sich im Einzelnen angleichen. Erst wenn ich mein Denken auszuformulieren versuche, gerate ich mit der Syntax und Grammatik in Konflikt. Anderseits steht fest, dass Vorgänge gleicher Art auch in der Muttersprache stattfinden: Es gibt Menschen, denen es äußerst schwerfällt, einen Gedanken zu formulieren, der ihnen völlig klar ist. Das ist so, weil sie nicht in sprachlichen Vorstellungen denken.

**24. September.** – Habe mich gestern schlafen gelegt, den Bauch voller guter Sachen. Ich empfand dabei das angenehme Gefühl erhöhter Vitalität, eine angenehme Wärme des Körpers. In meinen Träumen habe ich heute Nacht eine aktivere Rolle als sonst gespielt, die Träume waren irgendwie erfüllt von Vitalität.

Heute früh das Gefühl physischen Wohlbefindens, der Spannkraft. Doch gleichzeitig die Sehnsucht nach Freiheit. Die Zunahme der Vitalität geht einher mit dem Bedürfnis nach Aktivität.

Eine perfekte menschliche Gesellschaft? Eine perfekte Staatsform? Glück für alle Bürger? Man kann nicht glücklich sein und gleichzeitig das Bewusstsein dafür haben (das Bewusstsein kommt von der Nichtkoinzidenz ...). Sind die Ameisen glücklich? oder die Bienen?

Ja, sofern man das Wort in einem negativen Sinn begreift: Es mangelt ihnen an nichts. Gelänge es, für Staat wie Regierung eine perfekte und festgefügte Form zu finden, wäre die Gesellschaft nichts als ein immenser Ameisenhaufen. Das Wesen der menschlichen Gesellschaft ist aber deren Fluktuieren. Das Glück der gesamten Welt würde den Tod der Menschheit als eines nichttierischen Kollektivs bedeuten. Die Menschheit ist eine Zeit und Raum durchwirkende Tendenz, eine verwirklichte Tendenz gibt es nicht.

Die »Wohltäter« der Menschheit sollten daran denken!

**26. September.** – Viele Esswaren bekommen, aber kein Buch. Heute sind es sechs Monate seit meiner Gefangennahme. Bisher werde ich recht gut damit fertig. Der Krieg dauert an, und solange er andauert, wird mein Schicksal ungewiss bleiben. Und der Krieg kann bis 1944 dauern.

Habe das Buch von R. Otto über *Das Heilige* gelesen. Das ist eine »Vulgarisierung«, die nicht mal nach dem »Herrn Professor« riecht, bloß nach dem »Herrn Oberlehrer«. Mit einem Postulat a priori: Das Alte Testament stellt die höchste Form der alten Religionen dar, das Christentum vervollkommnet sie, und Luther, im Schoß des Christentums, nähert sich dem Ziel noch weiter an; danach macht Schleiermacher noch einen Schritt nach vorn, und Otto packt die Leine!

Er hat das gute Recht, sein Buch verständlich zu machen mit Bezugnahme auf das irrationale Gefühl, wie es sich aus persönlicher religiöser Erfahrung ergeben kann, doch zu meinem Unglück kann ich diese mystische Erfahrung, die Erleuchtungen bei Plotin und beim Buddha und bei Schestow nirgendwo bei Otto selbst verspüren. Vielleicht habe ich Unrecht, sicherlich sogar, und der gewissenhafte Professor aus Marburg schrieb keine dicken Bücher über das Unsichtbare, ohne es erlebt zu haben, doch nichts davon bleibt in seinem Werk übrig. Nicht einmal *die Unruhe*, die für ihn doch das elementarste Gefühl des »Numinosen« ist. Nein, hin zu andern!

Und ich sage es mit umso mehr Berechtigung, als ich selbst keineswegs Rationalist bin. Und mir vorbehalte, der gelehrten und eindringlichen Theorie Ottos meine eigene Erfahrung gegenüberzustellen (ich zögere, ein Epitheton hinzuzufügen: meine religiöse? mystische? numinose? irrationale Erfahrung?). Oh, ich beanspruche keine Erleuchtung, doch die paar wenigen Lebensmomente, da ich das Unsagbare durchschauen konnte, gelten in meinen Augen den ganzen Rest dieser meiner Existenz ab.

Wie ich eben sagte, die Erfahrung ist unaussprechlich. Wenn ich aber versuchen wollte, den daraus sich ergebenden Seelenzustand in Worte zu fassen, würde ich ungefähr dies sagen: Empfindung, an eine außerzeitliche und außerräumliche Realität zu rühren, an ihr Anteil zu haben und kraft dessen eine furchtbare Klarsicht zu besitzen, alles auf einmal zu umgreifen und zu verstehen. Ich selbst verwende dafür, wenn ich daran denke, den Ausdruck: am ewigen Leben teilhaben. Da dringt keinerlei Gefühl von Schauder oder Demut ein, nicht einmal von Verdutztheit.

Otto will nicht einsehen, dass die mystische Erfahrung ihrer Form nach nichts zu schaffen hat mit der Religion. Noch mit der Zivilisation insgesamt. Diese wie jene flößen ihr den Inhalt ein, weshalb man denn auch, zum Beispiel, bei allen christlichen Mystikern gemeinsame Elemente vorfinden kann, oder auch bei allen Schamanen[91] (aber es ist absurd zu behaupten, diese Erfahrung sei eine höhere Form bei den Ersteren und eine niedrige bei Letzteren). Und wer »numinos« sagt, der sagt »mystisch«.

Will man diese unbeschreibbare Tatsache aufrichtig beschreiben, muss man sich zunächst von sämtlichen apriorischen religiösen Ideen freimachen. Man müsste sodann eine breitangelegte vergleichende Untersuchung anstellen, in die gleichermaßen Plotin und Augustinus, Buddha und Christus, Jakob Böhme und die Schamanen, Luther und Nietzsche, Bergson und Fjodorow[92] einbezogen wären. Darüber hinaus fände man hier auch Zeugnisse obskurer Menschen sowie (*horribile dictu*) Aussagen über sexuelle Erfahrungen ... und was wäre darin an Gemeinsamem zu finden? Ich habe keine Ahnung. Vielleicht dies: Vorhandensein einer andern Realität, Befreiung der Welt von der Materie, Freisetzung des Selbst.

**29. September.** – Habe heute Nacht von Irène und von Papa[93] geträumt. Ein sehr klarer, wirklichkeitsnaher Traum. Im Allgemeinen ist die lange Nacht in mehrere Träume aufgeteilt (gestern konnte ich fünf Stunden am Stück schlafen, was nicht oft vorkommt).

Auch wenn Nietzsche recht haben sollte mit seinem Vorwurf an den Apostel Paulus, er habe die Lehre Christi verfälscht, ist es doch nicht weniger wahr, dass das Christentum ohne die missionarische Tätigkeit des Paulus bei den Heiden niemals eine solche Entfaltung erlebt hätte. Es gibt viele andere Gründe für den triumphalen Vormarsch der neuen Religion: Die antike Welt war reif für eine Universalreligion (in dieser Hinsicht hat die Hellenisierung eine vielleicht mindere Rolle gespielt als die »Romanisierung« mit ihrem universellen Verständnis vom *civis romanus …*), da die Philosophie auf die Masse ausgerichtet war (und außerdem: Der Neoplatonismus, der Neostoizismus und der Epikureismus widersetzten sich dem Christentum lange Zeit). Anderseits war das Christentum, vorab in seiner Urform, von großer Schlichtheit, es sprach von konkreten Dingen und sprach davon gleichzeitig in paradoxaler, aufschlussreicher Weise. Die Dekadenz des römischen Imperiums besiegelte den Sieg des Christentums. Womöglich wäre das Christentum ohne Paulus und den Beistand der geschichtlichen Ereignisse eine kleine jüdische Sekte geblieben. Stattdessen begründete es eine Zivilisation, die 2000 Jahre überdauert hat.

Für uns ist es nicht möglich, im Sinn der ersten Gemeinden Christen zu sein: Von Geburt an sind wir von der christlichen Zivilisation durchwirkt, die Worte des Evangeliums verlieren für uns ihren aufschließenden Sinn, wir halten die Nächstenliebe für eine moralische Maxime usf. Die Religion hat sich in Moral aufgelöst, hat sich in der Kirche verloren usf. (Für die Besten unter uns ist es schwieriger zu nehmen als zu geben, schwieriger zu bestrafen als zu verzeihen usf., von daher zum Beispiel Nietzsches neue Moral.)

Unter den Kindern des Christentums kehrt Luther zu den Quellen, das heißt zum Alten Testament zurück, und dies kennzeichnet die gesamte deutsche Geistesentwicklung; der Nationalsozialismus ist aus dem Luthertum hervorgegangen. Auch die Französische Revolution ist eine Enkelin des Christentums und die Großmutter des Kommunismus. Es macht den Anschein, dass die christliche Zivilisation (die niemals christlich gewesen ist im Verständnis des Evangeliums, doch das ist eine andere Sache ...) die schwerste Existenzkrise durchmacht, und es ist möglich, dass sie von ihren eigenen Kindern getötet wird. Das ist das unausweichliche Los aller Zivilisationen. Doch man kann niemals den Rückweg antreten und man wird es nicht können, die ganze Vergangenheit ist in der Zukunft weiterhin mitgegeben, das ist auch der Sinn realer Dauer. Man sollte das Christentum nicht zu streng aburteilen. Womöglich hat es die Menschheit schlimmer »korrumpiert«, als die Menschheit ihrerseits es korrumpiert hat, doch der Einsatz hat sich gelohnt.

**30. September.** – Guter Tag. Habe die *Psychologie der Sprache* erhalten.[94] Dank, liebe Irène, ich weiß Ihre Aufopferung zu schätzen.

**3. Oktober.** – Die *Aufrichtige Geschichte* von Seignobos (mit Notizen von Papa).[95] Nicht viel geschrieben in den letzten Tagen. Aber ich denke ziemlich viel nach: Die Nächte sind lang. Zwei große Themen (von »Alltagsproblemen« abgesehen) beschäftigen mich: 1) die Idee der Zeit; 2) die Definition einer Sprache durch deren Tendenz.

Ich frage mich übrigens, ob es die Idee der Zeit im Reinzustand gibt, isoliert. Es hat doch eher den Anschein, als arbeitete unser Bewusstsein mit dem Komplex: Raum, Materie, Bewegung, Zeit, und als könnte keiner dieser wesentlichen Begriffe (Kategorien?) existieren, ohne sogleich die anderen drei (explizit und implizit) hervorzurufen. Um die Dinge zu vereinfachen, kann man sagen: *Handlung.* Was uns übrigens nicht daran hindern wird, jeden Begriff einzeln zu prüfen.

Zeit und Raum haben in unseren Augen eine gewisse wechselseitige Affinität, aber doch auch einen wesentlichen Unterschied: Um bildlich zu sprechen, würde ich sagen, dass sich der Raum als eine Oberfläche darbietet und die Zeit als eine Linie mit vorbestimmter Ausrichtung. Wir haben die beständige *Illusion,* wir könnten im Raum stets auf etwas zurückkommen und, mehr als dies, den Raum gewissermaßen beherrschen, wogegen die Zeit eine *einzige Richtung* hat und wir ihr unterliegen, ihr dienstbar sind.

Unsere »Gegenwart« ist vor allem ein räumliches, kein zeitliches Konzept. Zweifellos bildet die Idee der Zeit das Kernproblem der gesamten zeitgenössischen Philosophie (und implizit auch der gesamten antiken), aber mein Eindruck ist, dass die meisten Philosophen die Frage umkreisen, ohne sie offen anzugehen. Bergson mit seiner realen Dauer und Einstein mit der Relativität haben einen Schritt nach vorn getan, doch nur einen Schritt. Ich frage mich, ob es uns jemals möglich sein wird, das Rätsel aufzuklären. Das bräuchte eine Offenbarung ...

Alltagsleben: den Mantel überziehen, die Bekannten grüßen, ein paar Worte mit Freunden wechseln, ein Bier kippen – das alles ist ja bloß ein Zusammenschnitt banaler Wirklichkeit. Aber sie ist's, die mir hier fehlt.

**5. Oktober.** – Sonntag, es ist kühl, bin hungrig. Die Verpflegung wird immer mieser: Der Kaffee ist nicht mehr gezuckert, die Brotration wird geringer, und als »Garnitur« kommt Tag für Tag das Gleiche: Wurst (im Wert von drei Scheibchen!). Nur sehr selten wechselt man die Bücher aus. Kurz, mir geht's übel. Zum Glück bekomme ich »Besuche«.[96]

Heute Nacht eine Serie von Träumen, von denen drei, trotz mehr oder weniger langen Intervallen (30 bis 60 Minuten), eine Einheit bilden.

1) Schöne Berglandschaft, Gipfel im Schnee. Ich klettere hoch, um Irène und Éveline zu finden: Gemeinsam durchqueren wir das schöne Land.
2) Im selben Land (bin aber allein). Ich finde Unterkunft bei Onkel Sascha und Tante Pascha, die in einem Häuschen mit sehr bequemem Wohnraum leben. Vielerlei Esswaren. Doch trotz des Beharrens meiner Gastgeber bleibe ich nicht: Ich muss zurück nach Paris (oder Tartu?)[97]. Komme gerade noch rechtzeitig zum Bahnhof, um in den Zug einzusteigen.
3) Im Zug. Meine Mutter begleitet mich für ein paar Stationen. Begegnung mit Bekannten. Kontrolle der Identitätspapiere. Ich habe keine dabei, kann mich aber aus der Affäre ziehen. Ankunft. Es ist letztlich eine Einheit von Zeit und Ort.

Gegen Morgen ein vierter Traum: Gefängnis usf. Gespräch mit einer jungen, unscheinbaren und *unbekannten* Frau, die ich aber meiner Erinnerung nach schon einmal getroffen habe (unklares Gefühl, sie bereits einmal in einer vergleichbaren Traumsituation gesehen zu haben, das Gefühl entstammt dem Bereich zwischen Schlaf und Erwachen). Nichts Sexuelles dabei.

Eben kommt mir in den Sinn, dass ich schon als Kind Träume in Serie hatte: Passion Christi, wobei ich zuletzt gekreuzigt wurde. Ich glaube, das hat mehrere Tage gedauert.

Im Gefängnisleben bildet der Traum ein Kompensationselement von großer Wichtigkeit. Da müsste man mit der Erforschung des Unterbewussten ansetzen. Ohne Träume und ohne Lektüre würden die Häftlinge leicht dem Wahnsinn verfallen. Aufgabe des Traums ist es, das natürliche geistige Gleichgewicht aufrechtzuerhalten.

**7. Oktober.** – Habe viele Lebensmittel erhalten, von denen ich einen Teil (was eine Tradition geworden ist) an meinen Nachbarn weitergebe. Wenn es eine göttliche Gerechtigkeit gibt, werden mir viele Sünden vergeben wegen meines Nachbarn (aber nicht wegen der Nahrungsmittel). Zur Lektüre: *Die Anfänge Europas* von Christopher Dawson.[98] Amüsant der Vergleich mit Seignobos.[99] Jeder hat seine »Wahrheit«. Die europäische Zivilisation bleibt stets das Privileg einer Elite, einer dünnen Oberflächenschicht über der Masse. Doch diese ist wohl zuallerletzt von Belang.

Die intellektuelle Zivilisation ist der materiellen nicht proportional. Diese ist übrigens genau so wertvoll und unbeständig wie jene. Und die geistige Zivilisation bleibt ebenfalls von den »andern« abgesondert. In dieser Divergenz kommt die gesamte aktuelle Krise (und kommen womöglich überhaupt alle Krisen) zum Tragen.

Habe diese Nacht von E. geträumt. Schwindelerregende Zärtlichkeit. Ohne jede Sexualität.

**13. Oktober.** – Bin seit mehreren Tagen krank. Probleme mit dem Bauch, Fieber usf. Heute scheint es sich zu bessern.

*Der Nil* von Moret. Zu gebildet für meinen Geschmack.[100]

Habe von Géraldy *Du und ich* gelesen.[101] Außer einigen veralteten Versen hält das stand. Nachdruck auf Wahrheit. Ist vielleicht eher bürgerlich als menschlich, doch auch der Bürger ist ja ein Mensch und vollends ein Europäer des frühen 20. Jahrhunderts. Der wird wohl in einigen Dutzend Jahren nicht mehr existieren, und Géraldy wird völlig vergessen sein (ich denke, er hat bereits drei Viertel von seinem Ruhm eingebüßt).

Das Buch von Seignobos ist gut. Er ist aber zu optimistisch gewesen. Wie auch immer, Frankreich als Großmacht gibt es nicht mehr. Der einzige Trumpf, der uns bleibt, ist die literarische und künstlerische Tradition. Ich kann mir dieses neue Europa sehr gut vorstellen, wo Frankreich die Aufgabe zufällt, materielle und geistige Luxusartikel zu produzieren. Der Osten wird das Getreide produzieren, die andern Länder die Maschinen, und die deutsche Armee wird die innere Ordnung und die Außengrenzen gewährleisten ...

Die Legende vom französischen Bauern.

Ich träume viel und finde in den Träumen manche unterbewussten Elemente aus meiner frühen Jugend, meiner Kindheit in Jastrebino, dem Gymnasium in Tartu. Der große Einfluss dieser Eindrücke auf meinen Charakter ist mir bewusst.

Habe heute den *Soldat im Westen*[102] vom 11. Oktober gelesen. Demnach befinden sich die Russen in einer kritischen Lage. Gut zu sterben (Eigenschaft des Ostens) zählt nicht viel angesichts der Technik und des Organisationsgeists. Wie viele Millionen an Menschen wird dieser Krieg kosten?

**16. Oktober.** – Gestern erhielt ich *Das antike Persien* von Huart, dazu *Die Woche* und *Das Werk.*[103] Letzteres habe ich ohne Missvergnügen gelesen, es ist gut geschrieben wie immer, und es ist ebenso falsch. *Die Woche* gerät zur Magerkost. Mit Farrère als Feuilleton … »von der Académie française«. Die französische Akademie ist sicherlich eines der nationalen Schandmale Frankreichs. Soll uns egal sein, wir kennen sehr wohl den literarischen Rang eines Farrère oder eines Tharaud, aber im Ausland und beim Volk sind brave Leute von dieser Titelei beeindruckt: »von der Académie française«. Und einige »Richtige« wie Valéry, wie Bergson, wie Duhamel (?) versündigen sich schwer an der Geisteswelt durch ihre Bereitschaft, dort zu posieren.

Ich hätte einen ehrlichen Kriminalroman vorgezogen anstelle dieses Farrère, der weder intelligent ist noch aufmerksam, noch aufrichtig, noch stilsicher: Das ist prätentiöse Scheiße.

Schönes Wetter. Sonne. Wie gut ich die Anbeter des göttlichen Gestirns verstehen kann! Eben hab ich eine Zitrone verzehrt, der Form oder auch ihrem Ursprung nach eine sonnenhafte Frucht. Ich hab mir angewöhnt, die Trauben, die Birnen, die Tomaten zu beschnüffeln, bevor ich sie genieße. Im Alltag wissen wir die »Dinge als solche« nicht ihrem wahren Wert gemäß zu schätzen.

Das Gefängnis ist eine Schule, eine Lehre der Sinnlichkeit.

**17. Oktober.** – [...] Habe Pascals *Gedanken* erhalten! Seit langem wollte ich sie haben.[104] Der größte aller Franzosen, und er geht über alles Französische hinaus: Fanatismus statt Maß, Verzicht auf den Intellekt statt Rationalität (der genialste Mathematiker verwirft den Geist der Wissenschaft). Zwei Jahrhunderte danach wird Nietzsche da sein, der größte aller Deutschen, der über alles Deutsche weit hinausgeht: Ein Philosoph, der im Namen des Lebens auf die »reine« Philosophie verzichtet, ein Professor, der zu Gunsten der Poesie auf jedes Schema verzichtet ... Auch ihre Lebensschicksale gleichen sich (dasjenige Pascals war weniger grausam).

Habe mit außerordentlicher Intensität Irènes Anwesenheit gespürt. Realpräsenz. Ich weiß, sie denkt ebenso viel an mich. Diese Liebe steht außerhalb der Materialität und jenseits des Glücks ... Und wenn ich erst an den wundersamen Zufall unseres Zusammentreffens denke.[105] Die infinitesimale Wahrscheinlichkeit, dass wir zusammenfinden:

*Und wie lang ist doch die Zeit, wie weit die Welt,*
*Wir hätten uns auch nicht begegnen können.*
(P. Géraldy)

In meinem Leben ist diese Begegnung das größte Vorkommnis, die entscheidende Wende. Womöglich ein Verrat? An mir selbst und an meinem eigenen Los? Eher glaube ich, dass auch meine Heirat »schicksalhaft« war.

Ich werfe mir nicht vor, Irène Schmerz bereitet zu haben: Das Leiden und selbst die Verzweiflung sind mehr wert als das Glück. Mein schwerster Fehler gegenüber Irène besteht darin, sie nicht in meine Aktivität[106] einbezogen zu haben, sie nicht der Gefahr ausgesetzt zu haben. Ich hoffe, sie wird mir dies verzeihen.

**20. Oktober.** – Die Unsterblichkeit der Seele. Wie könnte man gutheißen, dass jeder Mensch ein Recht auf Unsterblichkeit hätte? Man braucht sich ja bloß die Mehrheit der Leute anzusehen, um desillusioniert zu sein. Ich denke nicht im Speziellen an die Laster und die Niedertracht, sondern ganz einfach an den totalen Mangel »metaphysischer« Unruhe (das Wort trifft es nicht genau, doch ein besseres fehlt ...).

Ist daraus zu schließen, dass lediglich einige bevorzugte Seelen an der Ewigkeit teilhaben? Die einfachste und bestmeinende (gleichsam die menschlichste) Lösung ist die Annahme der Seelenwanderung. Damit umgreift man in einem und demselben System die Tiere (welche den Menschen alles in allem gleichkommen) und die Heiligen. Darin kommt Indien der menschlichen Wahrheit näher als das kirchliche Christentum.

»Weder Engel noch Bestie!«[107] Aber doch: *sowohl* Engel *als auch* Bestie. Mein ganzes Leben lang gab ich bald das eine, bald das andere zum Besten. »Und wer will den Engel darstellen ...«, und was soll man von denen sagen, welche die Bestie geben wollen? Die *wahrhaftige* Bestimmung des Menschen ist das ständige Schwanken zwischen den beiden. Die Mittelmäßigen klammern sich an die Mitte, doch jene, die sich nicht vor dem *Schwindel* fürchten[108] ... Sie verlieren sich darin, und dann?

Eigentlich begründet Pascal die Religion in der Moral (die von der Religion hervorgebracht wurde). Die Tugend ist für ihn eine Evidenz, ein Axiom. Ich verstehe schon, dass ihn einige kundige Mönche[109] unter den Atheisten eingeordnet haben.

**21. Oktober.** – Heute Nacht einige kurze Momente von Erleuchtung, Klarheit, Ewigkeit ...

Habe die Sanskrit-Grammatik erhalten. Liebe Irène.

Der Staatsanwalt war da, um »meine Bekanntschaft zu machen«.[110] Er hat mir versprochen, meinen Kopf zu fordern und ihn auch zu kriegen. Was mich nicht beeindruckte. Als ich später darüber nachdachte, war ich eher beeindruckt von meiner Gefasstheit. Nicht dass ich an seinen Worten zweifeln würde. Ganz im Gegenteil. Doch scheint mir all dies keine besondere Bedeutung zu haben. Wiewohl ich doch das Leben liebe. Gott, wie sehr ich's liebe! Aber vor dem Sterben hab ich keine Angst. Erschossen zu werden, das wird gewissermaßen das logische Ende meines Lebens gewesen sein. In Schönheit enden. Jeder bringt sich auf seine Weise um.

Irène hat für mich einen Anwalt genommen:[111] ich glaube nicht an dessen Nützlichkeit. Doch es wird mir Spaß machen.

*Gerechtigkeit und Liebe.* Die Idee der Gerechtigkeit, diese uralte Idee und Quelle unserer gesamten (vorchristlichen) Zivilisation, ist in uns derart verankert, dass sie uns daran hindert, die Offenbarung der Religion der Liebe zu erfassen. Pascal hasst den Menschen (das Ich sei hassenswert usf.)[112], weil er ihm der Liebe nicht würdig zu sein scheint. Es sei *gerecht,* dass er gehasst werde und dass man allein Gott liebe usf. Später wird Nietzsche befürchten müssen, an seiner Zärtlichkeit für den Menschen zu ersticken, der ihrer nicht würdig sei. Er sucht nach dem Übermenschen, welcher der Liebe würdig sein soll. (Pascal verzichtet Gott zuliebe auf den Menschen, Nietzsche wird auf Gott verzichten zugunsten des Menschen, doch beiden wohnt gleichermaßen die Idee der Gerechtigkeit inne.) Das Wunderbare an der Liebe ist aber gerade das Fehlen und die

Überflüssigkeit jedweder Rechtfertigung. Die Liebe, die ihre Richtigkeit[113] hat, ist kein Wunder mehr und mithin handelt es sich auch nicht mehr um Liebe.

Es ist kein Verdienst, Gott zu lieben, wenn man den Menschen und das irdische Leben verachtet; man wird den Menschen natürlicherweise lieben, wenn man keine Götter mehr hat. Die Liebe ist mehr: »Liebe deinen Feind« heißt nicht: »Liebe den Menschen, der dich für seinen Feind hält«, vielmehr: »Du sollst den lieben, den *du* für deinen Feind hältst«. Auf den ersten Blick ist dies ein Paradox oder eine Absurdität, doch ist es der einzige wahre Sinn des evangelischen Worts (ich denke, Nietzsche war nahe dran, es zu erfassen). Man kann als Liebender töten und sogar verachten (zu denken ist an Oscar Wilde: *Gefängnisballade* ...[114]), im Übrigen ist das die Kunst der großen Dichter. Auch kann man das Leben derart lieben, dass man den Tod mit einem Lächeln empfängt. Es ist das Lächeln Buddhas.

Ich kann nicht hassen (aus Stolz?), aber ich kann verachten. Und ich erlerne die Liebe, vorerst schlecht, noch ungelenk, doch ich habe schon das Vorgefühl der wahren Liebe, die wahrscheinlich der Tod sein wird.

**23. Oktober.** – Pascals *Gebet für die Kranken.*[115] Sein Stolz findet Befriedigung in der Erniedrigung. Ob Pascal seinen Gott auserwählt? Beinahe diktiert er ihm sein Verhalten gegenüber dem Kranken. Gewiss hatte er den Glauben, doch fehlt ihm die Liebe. Und dies vorab wegen der Moral. Die Moral ist der übelste Feind der Liebe.

Die menschliche Vernunft ist nicht eben viel wert, doch zu dieser Überzeugung kommt man erst durch vernünftiges Nachdenken. Sokrates *wusste*, dass er nichts weiß usf. Man wird dem Teufelskreis nie entrinnen. Doch die Vernunft ist nicht die einzige Quelle der Erkenntnis. Es gibt auch den Glauben als Willensakt. Wer den Glauben hat, für den gibt es keine Zweifel mehr ... In der Wirklichkeit kommt das fast nie vor, und selbst jene, die sehr schlicht und aufrichtig glauben, zittern vor dem Tod usf. (Es gibt Ausnahmen wie zum Beispiel den Tod meiner Großmutter, wie die ersten Christen und die ersten Muslime, wie auch heute die Japaner.) Es gibt die *Intuition*, die in der Regel bloß eine sehr unscharfe Erkenntnis zeitigt und die der Bestätigung bedarf, und schließlich gibt es die *Liebe*, die wundersame Quelle vollkommenen Erkennens. Liebe braucht weder Vernunft noch Moral. Ich glaube, der Heilige Augustinus hat gesagt: »*Ama et fac quod vis.*«[116] Was man liebt, ist unwichtig (die vollkommene Liebe umgreift alles, selbst die jämmerlichste, die ärmlichste Liebe trägt das Zeichen der Gottheit), vorab ist es ein *Seelenzustand.* Liebe kann nicht unmoralisch sein, weil sie die Moral überbietet. Verstehen heißt verzeihen, stimmt nicht. Verstehen heißt Komplize werden.

Die Liebe schafft Leiden, jede neue Erkenntnis ist ein neues Leid. Doch dieses Liebesleid ist mehr wert als die Glückseligkeit (?) des Glaubens.

Die Hoffnung hat mit der Liebe nichts zu schaffen. Eher schon die Verzweiflung. Wer die Liebe kennt, kann in Verzweiflung geraten. Und *vice versa.*

**24. Oktober.** – Irène ist nicht gekommen. Beunruhigung, Zerknirschung. Ich kann mir schwer vorstellen, was sie am Kommen hindert. Ich habe mich so sehr an ihre Pakete jeweils am Dienstag und Freitag gewöhnt, und doch sage ich mir jedes Mal: Es gibt so viele Gründe, die sie am Kommen hindern können, doch die Regelmäßigkeit dieser Wunder hat mich verwöhnt.

Heute Nacht über den Tod nachgedacht. Es ist so etwas wie ein innerer Dialog, der sich zwischen zwei gleichermaßen identischen »Ichs« abspielt. Es ist schwierig, sie mit Genauigkeit zu definieren, also bezeichne ich sie ganz einfach mit »Ich 1« und »Ich 2«.

ICH 1. – Es ist also, lieber Freund, an der Zeit, die Möglichkeit eines Todesurteils ins Auge zu fassen.

ICH 2. – Nein, nein, das will ich nicht. Mein ganzer Leib lehnt sich auf dagegen, er will leben. Wir müssen uns aufbäumen, uns verteidigen, müssen die Flucht wagen, nur nicht den Tod.

ICH 1. – Das kannst du doch nicht im Ernst sagen, gestehst du dem Leben tatsächlich einen derart hohen Wert zu?

ICH 2. – Und du? Wenn du ehrlich bist?

ICH 1. – Der Instinkt ist mächtig, aber ich kann vernünftig denken, und ich werde der tierischen Natur meinen Willen aufzwingen.

ICH 2. – Tierische Natur? Seit wann nur behandelst du die Natur mit solcher Verachtung? Sag mal, weißt du beispielsweise ein gutes Abendessen nicht doch zu genießen? Denk ein wenig darüber nach: vorab ein Dutzend Austern mit einem gut gekühlten Pouilly, sensationell trocken und herb, ein Präzisionswein, wenn ich mich so ausdrücken darf. Danach eine Forelle blau von derartiger Zartheit, dass man unwillkürlich an das Gesetz über die Verführung minderjähriger Mädchen denken muss. Oder magst du einen schönen Wittling, golden schimmernd wie ein ins Wasser gefallener Sonnenstrahl? Oder vielleicht eine Bouillabaisse, eine richtige Fischsuppe, weißt du, so eine, wie du sie einst im Alten Hafen von Marseille verspeist hast, aus der das ganze Meer duftet, die Algen, das Fischerboot und wieder das Meer, Urquell des Lebens? He? Und was, Monsieur, bestellen Sie danach? Ein blutiges, rohes, festes Stück Fleisch, rot, raffiniert in seiner Ungeschlachtheit? Oder einen braven bürgerlichen Hasen im Senf? Oder ein Hühnchen in Halbtrauer, Spezialität, die man in Lyon bei Mère Filloux bekommt, erinnerst du dich?
Und um all dies zu begießen, lassen wir uns einen alten Chambertin 1916 anwärmen (so wie man ihn noch bei Huter in Carcassonne bekommen kann), oder dann einen Nuits-Cailles, oder auch einen klassischen Pom-

mard 1926, kurz, einen dieser aus reinem Sonnenblut gewonnenen Weine, die einem warm machen, die einen allmählich in die Mittagszone des Wohlbefindens, der Geborgenheit, der Gutmütigkeit erheben, was einen gegenüber dem Leben und der Welt mit Dankbarkeit erfüllt. Den Rest werden wir zu verschiedenen wunderbar feinen Käsesorten trinken, die wie Oscar Wildes Prosa angefault sind (pardon für diese Blödelei).
Kein Nachtisch? Nun gut. Aber ein richtig starker und bitterer Kaffee mit diesem exotischen Aroma, der an Beduinenkarawanen denken lässt, an die Gedichte von Gumiljow[117] und an deine Jugend, an Berlin ... an den einzigen Luxus der armen Intelligenzler mit all ihren Träumen, ihrer Lebensgier und ihrem Glück trotz Elend und *Weltschmerz* ... Dazu, versteht sich, ein Glas Cognac-Biscuit 1870 (oder war's 1878?), dargereicht in einem Glas mit dickem Arsch und schlankem Hals – man hält es mit beiden Händen, wärmt es an, nimmt eine Nase voll, empfindet einen leisen, sehr leisen Schwindel, man hält das Glas gegen das Licht: Das ist flüssige hochkonzentrierte Sonne.
Magst du eine ägyptische Abdullah? oder, um dem superkulturellen Raffinement Genüge zu tun, eine Gauloise? Feuer? Da. Was für eine simple Sache, so ein Streichholz, und wie wunderbar ... Du liebst diesen Ritus des Rauchens, nicht wahr? Und den Rauch, der sich spielerisch in Spiralen kräuselt, sich entrollt, aufsteigt und spurlos verschwindet, hinfällig wie das Leben, wie du so gern sagtest.

**25. Oktober.**

ICH 1. – Armer Freund. Du schlägst, mit übrigens sehr mittelmäßigem Geschmack, poetische Töne an, um die Freuden der Tafel auszumalen. Das ist eine geistige Deformation infolge siebenmonatiger Entbehrungen. Doch es sind gute Sachen, ich gebe es zu. Du hättest mir nicht mal einen guten Schmaus vorsetzen müssen, auch die Gefängnissuppe kann einem bestens schmecken, wenn man hungrig ist. Sicherlich tut es gut zu essen, zu trinken. Doch wir sollten nicht übertreiben. Ja, ich mochte Qualitätsweine und üppige Gerichte, freilich nicht so sehr, dass sie zum Angelpunkt meines Denkens wurden. Ich dachte daran, wenn ich mich zu Tisch setzte, und vergaß es danach. Nein, nicht dies würde ich vermissen. Im Übrigen hab ich davon meinen Teil abbekommen. Wenn man's zu weit treibt, holt man sich eine Magenkrankheit und das Zipperlein. Du denkst daran mit solcher Intensität, weil du, ausgehungert, wie du hier bist, vom Gefängnis her denkst. Mir fehlt ja sogar der Tabak, doch wir sollten all dem keine vitale Wichtigkeit beimessen.

ICH 2. – Verzichtest du denn aber ebenso leicht auf die intellektuellen Freuden? Denk doch mal an die Bücher, die du lesen möchtest und niemals lesen wirst, an die Reisen, die du niemals unternehmen wirst, an die linguistischen Entdeckungen, die du vielleicht hättest machen können, an die Bilder, die du nie wieder zu Gesicht bekommen wirst (und du weißt ja noch, was für eine Offenbarung die Malerei auf der italienischen

Kunstausstellung war[118]); nie wieder wirst du Botticellis Venus, Gauguins Sonne, Rodins Menschen sehen.

**26. Oktober**

ICH 1. – Ja, all das sind schöne Dinge, und das allerschönste vergisst du dabei: die Musik. O ja, ich weiß sehr wohl, dass ich davon nichts verstehe, was mich aber nicht daran hindert, sie zu lieben. Nicht alles, aber es gibt Stücke, die mich aufwühlen können, mich beben lassen, mir den Bereich der irrationalen Wirklichkeit einsichtig machen. Ich denke an Mozart, an Beethoven, aber auch an jenes Präludium zu Mussorgskijs *Chowanstschina,* das in seinem unendlichen Liebreiz und seiner Klarheit alles zulässt, alles freigibt, auch den Tod, und das sich im Nirvana verliert, ohne Bedauern, im Triumph. Es ist die am wenigsten materielle Kunst, nicht zu definieren, und sie bringt nicht Empfindungen hervor, sondern Seelenzustände. Was ich an der Musik eigentlich liebe, ist die Einstimmung in den Tod.
Bin ich denn aber nicht schon zur Genüge initiiert? Nun?
Die Reisen? Naja, wenn ich noch einmal den endlosen Raum des Meers vor mir hätte, das Geräusch der Wellen hören könnte, im Wald mich niederlegen und durchs Geäst die Wolken betrachten, einen Berggipfel erklimmen und aus der puren Einsamkeit heraus mir gegenüber beschneite Spitzen und finstere Täler sehen und in der Ferne eine grüne Ebene, wo man menschliche Wesen vermuten darf ...

Es ist hart, sehr hart, auf all dies zu verzichten. Nicht auf die Reisen, aber auf die Natur. Doch mir ist davon genug zuteil geworden. Du erinnerst dich, wie ich oberhalb von Grasse die anmutige Landschaft, die schönen friedlichen Dörfer mit den Ziegeldächern (und den blühenden Mimosen!) und die Bucht von Cannes betrachtete, in diesem warmen Lilablau des frühen Abends. Und ich sagte mir: womöglich werde ich das nie wieder zu Gesicht bekommen, doch werde ich mich stets an diese Schönheit und meine Gedanken erinnern. Und ich hab's nicht vergessen. Ebenso wenig wie die Dünen des Pyla, die rosenfarbenen Felsen der Insel Bréhat, den Steilhang des Dent d'Orlu oder den Wind in den Segeln auf dem Peipussee ...

Und ich hoffe, dass wenn ich erschossen werde, dies nicht in einem Keller stattfindet, sondern unter freiem Himmel, auf einem großen Feld, im rosenfarbenen Licht der Frühe. Und ich weiß, dass diese letzte Naturempfindung kraft ihrer Intensität lange Jahre und ferne Reisen abgelten wird.

Die Bücher, die ich hätte lesen können? Seien wir ehrlich: Mit zunehmendem Alter verbleibt die Lektüreauswahl mehr und mehr außerhalb der *Spielbücher* (wozu ich alle wissenschaftlichen Werke zähle). Einige Kapitel aus Matthäus, einige Gedanken von Pascal, Fragmente von Nietzsche, einige Seiten von Tolstoj, von Gide, zwei oder drei Gedichte: Dies ist die Bilanz meiner Lektüren, wenn ich mit letzter Offenheit reden soll. Natürlich gibt es manche Dinge, die ich gern zum Lesen oder Wiederlesen hätte, doch wozu sollte man den Kelch bis zur Neige leeren? Oder glaubst du ernstlich, dass ich darin eine Offenbarung finden könnte? Glaubst du, dass meine Wahrheit im Buch eines andern verborgen sein könnte?

ICH 2. – Und die Bücher, die du selbst hättest schreiben können?

ICH 1. – Was soll's. In meiner Jugend hatte ich ein wenig Talent, doch fehlte es mir an Naivität, um die Welt noch einmal zu schaffen, und mein Tiefgang reichte nicht aus, um sie zu erklären. Und selbst wenn ich jetzt etwas zu sagen hätte, wozu? Ich habe keinen Ehrgeiz (vielleicht weil ich zuviel Stolz habe) und suche nicht den Ruhm. Und was sollte ich den Menschen sagen, was für eine neue Wahrheit, die der Rede wert wäre? Die Menschen brauchen meine Wahrheit nicht.

ICH 2. – Ja, reden wir von den Menschen. Die sind dir ebenfalls egal, nicht? Und deine Freunde, deine Verwandten? Und Frankreich? Verzeih, wenn dir meine Frage lächerlich vorkommt, aber es wird ja sicherlich Leute geben, die deinen Namen mit dem Anhängsel versehen: gestorben für Frankreich.

**27. Oktober.**

ICH 1. – Keineswegs lächerlich, ich liebe Frankreich, auch wenn es dafür keinen Grund geben mag. Ich liebe dieses schöne Land, und ich liebe sein Volk. Ja, ich weiß, wie gemein es ist, wie egoistisch, wie sehr von der Poli-

tik verdorben und Opfer seines einstigen Ruhms, doch bei all seinen Fehlern bleibt es zutiefst menschlich und will um keinen Preis seine Größe und sein menschliches Elend aufgeben. Ich brauche im Übrigen keine Erklärungen zu suchen, nehmen wir an, dass meine Liebe zu Frankreich dem entspricht, was Goethe *Wahlverwandtschaft* nennt. Auch glaube ich nicht an den vollständigen Niedergang, wiewohl ich lange Jahre des Irrens, der Lüge, der Feigheit vorhersehe. Und damit das wahre Frankreich eines Tages wieder aufleben kann, sind Opfer vonnöten. Glaub mir, es gibt keine unnützen Opfer. Ich habe Verwandte, denen ich zutiefst geneigt bin, und ich habe Freunde. Ich werde deshalb noch lange in deren Gedächtnis lebendig sein. Oder willst du deine Lieben überleben und einen nach dem anderen abtreten sehen? Wobei das ja immer auch ein wenig dein eigener Tod ist. Geschichte von dem Hund, dem sein Besitzer täglich ein kleines Stück vom Schwanz abtrennte, aus Erbarmen!
Nein, die Menschen sind mir nicht egal. O ja, es hat lang gedauert, doch ich habe gelernt, sie zu lieben. Oftmals verachte ich sie, kann nichts dafür, aber bei aller Verachtung liebe ich sie doch. Und ich habe niemals aus Hass gehandelt (was schade ist, denn diese menschliche Erfahrung fehlt mir nun), bin dessen allerdings völlig unfähig; vielleicht kommt das von der Verachtung her. Doch um ehrlich zu sein, ich kann sehr wohl ohne Menschen auskommen. Die Einsamkeit hat mich nie belastet. Und du weißt ja: Man kommt allein zur Welt und allein stirbt man auch.

Ich 2. – Und deine Frau?

**28. Oktober**

Ich 1. – Ja, das ist ein Hieb, der sitzt ... Ich weiß, dass ich darüber nie hinwegkomme. Du denkst aber doch nicht, dass diese Liebe mit dem Leben vergehen wird? Wäre dies der Fall, wär's das Leben nicht wert, gelebt zu werden. Doch sei dir bewusst: Die Liebe ist die einzige Wirklichkeit, die wir hienieden kennen, wirklicher als das Leben und der Tod.

Ich 2. – Zugegeben, an scharfsinnigen Antworten und Argumenten fehlt es dir nicht. So gibst du vor, diese Erde, die du ja doch liebst, ohne allzu großes Bedauern verlassen zu können, und du willst darin sogar einen Vorteil für dich sehen? Du redest es mir ein, doch du überzeugst mich nicht. Ich weiß, was ich verliere, sehe aber nicht, was ich gewinne. Ich will deine Aufrichtigkeit nicht in Frage stellen, aber machst du da nicht aus einem Mangel einen Vorzug?

Ich 1. – Und wenn das so wäre? Man muss sein Schicksal tragen können wie eine Krone. Aber täusche dich nicht. Nun bin ich dran, zum Angriff überzugehen. Ich muss dich an dich selbst erinnern. Hör mir gut zu.

**29. Oktober.** – Es beginnt kalt und feucht zu werden. Die Tage sind kurz, und man gibt uns kein Licht. Ich bringe mir bei, zwölf und mehr Stunden zu schlafen. Viele Träume. Synthetischer Charakter der Personen, die ich im Traum sehe. Habe gestern die Memoiren der Madame de La Fayette erhalten. Das lässt mich anders werden. Seit vier Tagen schreibe ich mühselig an meinem Dialog. Mühselig, weil ich kalte Hände habe und Papier sparen muss, und weil ich keine Zigaretten habe, und vor allem weil es schwierig ist, nicht in die Literatur zu verfallen. Ich habe der Versuchung zu Beginn nicht widerstehen können. Ich darf nicht viel am Stück schreiben und mich hinreißen lassen. Und doch sehe ich sehr klar, was ich in Worte übertragen will, es ist sehr einfach trotz der widersprüchlichen Gefühle.

Ich habe in diesen Tagen Papas Buch gelesen und seinen Schwung und seine Schlichtheit bewundert.[119] Doch er übertreibt es ein wenig mit den Einzelheiten und Eigennamen im erzählerischen Teil (Geist der Chartistenschule?[120]). Ich verstehe schon, dass die Geschichtsforschung begeisternd sein kann. Es ist für einen Historiker schwer, Optimist zu sein.

**30. Oktober.** – Kalt. Dunkel. Ein guter Herbstwind weht draußen – einer dieser Winde, die ich so sehr geliebt habe (warum: geliebt habe?.. die ich noch immer so sehr liebe. Ich rede von mir wie von einem Toten, was verfrüht ist). Irgendwo – ich glaube, es kommt von unten – schluchzt jemand lang und verzweifelt. Jemand sehr Junges der Stimme nach, aber ich kann es nur dumpf hören. Das Gefängnis ist eine furchtbare Sache (nicht für mich, und doch kann ich's begreifen). Nicht zu rechtfertigen.

Habe heute die beiden Griechischbücher abgeschlossen (Grammatik und Übungen). Welch schöne Sprache! Mein Wortschatz ist noch sehr ärmlich, aber ich glaube den Geist der Sprache erfasst zu haben und (mit einem Wörterbuch) jeden beliebigen Text bewältigen zu können. Ich habe dafür acht Wochen eingesetzt und täglich im Schnitt zweieinhalb bis drei Stunden gearbeitet. Und ich empfinde darüber meine Eigenliebe befriedigt. Eitelkeit. Dieselbe, die mich dazu anhält, Schach- und Bridgeprobleme in *La Gerbe* zu lösen (ich scheitere freilich meistens an den Kreuzworträtseln), um mich zu vergewissern, dass die grauen Zellen noch immer gut funktionieren. Der Geist der Geometrie.

Ich 1. – Du bist dreiunddreißig Jahre alt. Das ist ein schönes Alter zum Sterben. Jesus ist in diesem Alter gestorben, auch Alexander der Große. Puschkin wurde mit sechsunddreißig getötet, Jessenin nahm sich mit dreißig das Leben.[121] Ich will dich nicht etwa mit diesen Persönlichkeiten vergleichen, dir aber vor Augen führen, dass auch andere ihr Leben in deinem Alter vollendet, ihre Mission erfüllt haben. Du hattest keine Mission, aber auch du hattest ein Leben zu vollenden und dessen Sinn zu verwirklichen. Und ich behaupte, du hast es getan und es bleibt dir nichts hinzuzufügen. Kennst du den Sinn deines Lebens? Nimm Rückschau auf dein Werden, und du wirst erkennen, dass es deine Menschwerdung war.
Du bist erstaunt? Ich will dir also deine Vergangenheit ein wenig vergegenwärtigen. Du warst ein allzu intelligenter, allzu waghalsiger und viel zu sensibler Junge.

Mit solchen Eigenschaften hält man nicht auf halbem Weg inne. Du hättest dir das Leben nehmen können wie dein Freund Kutt, wie Orlow oder hättest wie Irtel ins Kloster gehen können. Oder auch ein Säufer werden wie Kaugus. Du hast aber eine vierte Lösung gefunden: ein Monster zu werden. Mit 17 Jahren bist du schon so weit, doch einzukapseln in deiner glanzvollen Indifferenz. Noch behältst du eine gewisse Neugier für das Leben, amüsierst dich, doch alles bleibt an der Oberfläche, du liebst weder einen Menschen noch das Leben, nicht mal dich selber, und nichts vermagst du ernstzunehmen. Die Welt und das Leben hältst du zwar für ein recht amüsantes Spiel, mehr aber nicht. Und dies ist keineswegs eine Pose, du bist ehrlich. Erinnerst du dich an 1927? Beinah wärst du untergegangen in einem Sturm über dem Peipussee, allein in der Nacht unterwegs mit jener kleinen Jacht. Du glaubtest verloren zu sein, amüsiertest dich aber königlich dabei und beim Überlebenskampf inmitten der Wogen fühltest du dich, lachend, dem Sturm überlegen und fordertest den Tod heraus. Du hattest dir geschworen, aus deinem Leben ein heiteres, launiges, gefährliches, schwieriges Spiel zu machen. Ja, du warst in deiner Indifferenz ein nahezu perfektes Monstrum und wenn nicht glücklich, so doch unverletzbar.

**31. Oktober.** – Heute Nacht besuchte ich im Traum das Schlachtfeld zwischen Maîche und Charquemont, dort, wo wir Dewailly, Gastine, Kohl beerdigt haben.[122] Ich fand lediglich zwei aus dem Holz von Munitionskisten gezimmerte Kreuze vor. Auf dem einen las ich: Michaël Devail (warum? statt Michel Dewailly); auf dem anderen las ich meinen eigenen Namen, ohne darob besonders überrascht zu sein.

Michel war achtundzwanzig Jahre alt. Ein schöner Junge, fröhlich, voller Leben und ein angenehmer Kamerad. Wenn er getrunken hatte, sang er, sang recht gut Operetten- und Opernarien, vorab: Figaro-da, Figaro-dort ... Wir sind gemeinsam in den letzten Urlaub gereist und wieder zurück. Bei der Abfahrt in Paris lernte ich seine Eltern kennen, deren einziger Sohn er war, und seine junge hübsche Frau, die zum Bahnhof mitgekommen war. Die Frau hielt das gemeinsame Kind in ihren Armen. Lange schwenkte sie ihr Taschentuch inmitten so vieler anderen, die auf dem grauen Bahnsteig zurückblieben. Ich erinnere mich an den Satz, den er aussprach, als er sich vom Fenster losriss: »Haben wir also wieder eine Portion Glück gefasst für drei weitere Monate?« Doch nicht für drei Monate war's, mein armer Michel, es war für immer. Er ist glücklich und augenblicklich gestorben: eine Kugel ins Herz, eine zweite in den Kopf.

Habe heute die Gedichte von Valéry und *Das Wesen des Christentums* von Harnack erhalten.[123] Ein Paar warme Handschuhe, leicht abgewetzt, aber noch in Ordnung, sie haben mich während des ganzen Kriegsdiensts von 39-40 begleitet. So viele Erinnerungen. Und der Schal, den ich aus einem verlassenen Haus des Dörfchens Sommettes habe, vier Kilometer von Pierrefontaine entfernt. Treuer Begleiter, auch er.

Gestern wurden die Bücher umgetauscht[124](was man seit ungefähr sechs Wochen nicht mehr gemacht hatte). Ich habe einen kanadischen Roman genommen, *Die Whiteoaks von Jalna*, von Mazo de La Roche. Das ist kein Meisterwerk, aber ich finde großes Vergnügen beim Lesen derartiger Qualitätsromane von angelsächsischer Machart.[125] Poetischer Realismus, aber aus Fleisch und Blut. Die französische Literatur ist mir, von einigen Ausnahmen abgesehen, zu literaturlastig. Eine Kunst von glanzvollem Raffinement (so Giraudoux, den ich sehr bewundere), der aber jede Schlichtheit abgeht. Elitär.

Und ich hab einen Fleischer erlebt, der den Tod der *Manon Lascaut* beweinte, so wie auch *Krieg und Frieden* dem einfachen Mushik verständlich ist. Nicht aber Claudel, auch nicht Malraux oder Montherlant, nicht einmal Giono. Doch das ist kein Vorwurf. Die Zivilisation erreicht immer nur eine unendlich dünne Schicht; wenn sie dann der Masse zur Verfügung steht, verliert sie ihren Rang.

Zu dunkel, um weiterzuschreiben ...

### 1. November

Ich 1. – Im Verlauf der nachfolgenden beiden Jahre hast du zwei neue Dinge erfahren: Ewigkeit und Freundschaft. Die seltenen und kurzen Momente – ein Blitz –, da du das »ewige Leben« wahrnahmst (ich verwende deinen Ausdruck in Ermangelung der passenden Worte), verstärkten nur noch deine Indifferenz gegenüber dem irdischen Leben. Sogar das Spiel hat von seinem leichten Reiz etwas verloren. Die Freundschaft ließ die Einsamkeit nur noch größer werden, deine Freunde (ich denke an Alf, an Werner) waren Weggenossen, mit denen man eine Strecke bis zur nächsten Abbiegung zurücklegte, um danach umso einsamer zurückzubleiben. Außerdem warst du zu tüchtig, zu unverletzlich für deine Freunde. Es gibt nichts Klareres und Vollkommeneres als die Indifferenz. Erkennst du dich in diesem Monster?

Ich 2. – Ich mag das Wort »Monster« nicht allzu sehr. Übertreiben wir doch nicht. Und warum denn nicht den Wert solcher Indifferenz anerkennen? Bringt sie mir auch kein Glück, so erspart sie mir doch wenigstens das Leiden. Ich setzte den Wert des Lebens nicht sehr hoch ein, und deshalb konnte ich denn auch alles sehr leicht und leichtfertig genießen. Bisweilen bedaure ich diesen Zustand.

Ich 1. – Ich tu's nicht. Außerdem bringt solches Bedauern nichts. Eines schönen Tages hat das großartige Gebäude deiner Indifferenz Risse bekommen. Es begann mit deiner Begegnung mit deiner Frau. Zunächst war dir die Gefahr nicht bewusst, dann wolltest du zurückweichen, doch es war schon zu spät, der Riss zu breit. Dennoch hast du jahrelang gekämpft, ehe du die Niederlage anerkennen mochtest. Und erst ganz kürzlich hast du begriffen, dass diese Niederlage ein Sieg war.

ICH 2. – Ja ... Ich hatte das Gefühl, mich durch die Vereinigung unserer Leben selbst verraten zu haben; ich verlor meine ungestüme und einsame Zukunft ... Aber es war stärker als ich: Fortan fühlte ich in mir die Seele eines anderen menschlichen Wesens.

**2. November**

ICH 1. – Ganz richtig, und das ist das Wesentliche an deiner Verwandlung. Ich beharre nicht auf den Einzelheiten: Du weißt ja, wie sich alle menschlichen Gefühle nach und nach in deine Seele eingeschlichen haben. Du hast die Scham gekannt, die Reue, die Eigenliebe ... Und vor allem hast du die Liebe gekannt. Du warst dir selbst nicht bewusst, wie du dich allmählich den Menschen zuwandtest, dem Leben: Du hast sie geliebt.

ICH 2. – Nein, das war mir nicht bewusst. Oft war ich selbst überrascht davon. Als ich in Paris nach meiner Rückkehr zum ersten Mal die deutschen Soldaten sah, hat mir ein stechender physischer Herzschmerz klar gemacht, wie sehr ich Paris und Frankreich liebe. Doch erst jetzt im Gefängnis konnte ich in mir selbst etwas klarer sehen. Und die Liebe entdecken, von der du sprichst.

ICH 1. – Du erinnerst dich der Worte, die du bei der Beerdigung der getöteten Kameraden unweit von Maîche gesprochen hast: »Eines Tags werden wir sie vielleicht um ihren Tod beneiden.« Nun denn, beneidest du sie? Möchtest du gestorben sein wie sie, ohne die Zeit gehabt zu haben für das Leiden und die Angst? Gib mir offen Antwort.

Ich 2. – Nein, ich möchte das um keinen Preis missen. Ich habe begriffen, was die Liebe sein kann. Gewiss habe ich unter dem Gefängnis gelitten, aber letztlich habe ich schon immer nach der größten Schwierigkeit gesucht. Wozu sollte man einen leichten Tod haben wollen? Ich habe ziemlich viel Stolz.

Ich 1. – Darin sind wir uns also einig. Du hast die Liebe begriffen und du liebst. O ja, deine Liebe ist noch recht armselig und erbärmlich, und doch ist sie vom selben göttlichen Wesen wie die vollkommene Liebe, die einzig im Tod sich findet. Und glaubst du denn, darüber hinaus etwas lernen zu können? selbst wenn du weitere fünfzig Jahre leben solltest? Niemals wirst du reicher und freier sein als jetzt. Und erkennst du den Sinn der Dinge? Mehr als einmal hättest du sterben können, es gab genug Gelegenheit dazu. Doch das wäre ein zu simpler Tod gewesen. Der Indifferente hat kein Problem damit, die Welt zu verlassen. Du aber ziehst den Kampf vor, willst siegen oder besiegt werden.
Nun, dafür ist, wie mir scheint, der günstigste Moment gekommen. Du bist bei vollen Kräften und liebst dieses Leben mit dem ganzen Eifer eines jüngst Konvertierten, mit der ganzen Frische und Gier der Jugend. Oder meinst du deine Liebe beständig unangetastet bewahren zu können?.. Möchtest du deiner

eigenen Verarmung beiwohnen, langsam und fühllos von dannen gehen und nichts mehr zu bereuen haben, derweil dir im letzten Augenblick klar wird, dass du schon lange tot bist?

Ich 2. – Du bist nun aber doch etwas widersprüchlich. Wozu mich denn überzeugen wollen, den Tod anzunehmen, wenn du mir gleichzeitig zugute hältst, dass ich mich ans Leben hänge? Willst du dir den Tod trotz allem leicht machen?

Ich 1. – O nein, in diesem Punkt habe ich keine Bedenken. Wenn du auf mich hörst und das Ende gern hinnimmst, werde ich protestieren. Denn schließlich bin ich du, und du bist ich. Und je mehr Gründe ich zugunsten des Tods ausfindig mache, desto mehr hänge ich mich ans Leben, und daraus gewinnt mein Stolz eine neue Befriedigung, die mich wiederum dem Tod zutreibt.
Wäre ich Christ und hätte den Glauben ... Doch das wäre zu einfach gewesen. Ich habe vom Jenseits keine Ahnung. Habe nur Zweifel. Doch das ewige Leben existiert. Oder ist es die Angst vor dem Nichts, die mich an die Ewigkeit glauben lässt? Doch das Nichts ist nicht. Was meinst du?

Ich 2. – Ich weiß nur eins: Ich liebe das Leben.

Ich 1. – Also gibt es die Liebe. Der Rest zählt kaum. Wenn es den Tod gibt, kann er nur die Liebe sein.

**4. November.** – Heute Irène gesehen. Durch das doppelte Gitter hindurch, getrennt durch den Korridor, wo der Dolmetscher sich aufhielt. Wie Tiere in einem Käfig ... Doch dies hab ich Irène nicht gesagt. Ruhige und tiefe Rührung. Einfache Worte, ohne Nachdruck, manchmal ein Lächeln. Vielleicht ist es ein wenig so etwas wie ein Versteckspiel, wo jeder weiß und jeder auch weiß, dass der andere weiß, ohne es ahnen zu lassen. Ich kann mich nicht erinnern, worüber wir gesprochen haben (während einer Viertelstunde), doch das ist unwichtig. Ich weiß, was wir verschwiegen haben (ist das die Vergangenheitsform zu »verschweigen«?).[126] Ich bin in meine Zelle so ruhig zurückgegangen wie immer. Aber irgendwie so aufgewärmt von der wundersamen Sonne der Liebe. Wie eine Rückkehr zum Lebensquell.

Habe Baudelaire bekommen und *Die großen Denker Indiens* von Schweitzer.[127]

Vorgestern Abschluss meines »Dialogs«. Ohne ihn wiederzulesen, weiß ich, dass es nur sehr ungefähr *das* ist. Zu sehr dramatisiert. Doch das Wesentliche steht drin. Eine Art von Credo und spiritueller Autobiographie.

Valéry. Manchmal *zu* vollkommen. Doch es gibt da einen Text, der mich bis ins Innerste geheimnisvoll anrührt, *Der freundliche Wald*. Ich mag ganz gern den *Friedhof am Meer*, doch in diesem Fall weiß ich, wieso.[128]

In der Dichtung bleibe ich noch ein Fremder. Schockiert von der Konventionalität der Aussprache. Ich fühle unweigerlich das Gekünstelte.

Harnack.[129] Eine derart naive Platitüde, dass man entwaffnet ist. Ein Buch für Kinder, abgefasst von der Mediokrität eines »Herrn Professor«. Doch dieses Beispiel hat mir die »moderne« Tendenz seit der Renaissance verständlich gemacht: Statt das Leben der Religion anzugleichen, gleicht man die Religion dem Leben an. An sich mag das zu rechtfertigen sein, wozu dann aber von Religion reden, von Gott usf.?

Harnack rechtfertigt die Lehre Jesu durch die Moral. Die Moral ist aber der schlimmste Feind der Religion, vorab einer Religion der Liebe. Sie tötet die Liebe ab. Tatsächlich hat das Christentum (seit dem Heiligen Paulus) den Aspekt einer Moral angenommen, und wir sind von christlicher Moral derart durchdrungen, dass sie uns »natürlich« vorkommt. Oft kann man durch eine Umkehr von der Moral auf die Religion zurückkommen. Doch wenn man sich dazu herablässt, bei der gängigen Moral nach ihren Rechtfertigungsbelegen zu fragen, geht alles zum Teufel, die Ereignisse bezeugen es.

Jesus ist mit seiner Offenbarung der Liebe gescheitert, und doch hat er bloß einen Teil dessen, was er wusste, geoffenbart. Er musste auf die jüdische Religion zurückgreifen, auf die Propheten (zu unrecht hebt man übrigens die Religion Israels in den Himmel ... man misst damit die Vergangenheit an der Zukunft, und jene geht nicht aus dieser hervor), mehr noch, er musste den Tod am Kreuz auf sich nehmen, damit sein Werk nicht gänzlich untergehe. Und in der Tat konnten die Menschen ein wenig Liebe bewahren, konnten sie von einer Generation an die andere weitergeben, abgeändert, eingelassen ins Ritual, gebunden durch die Moral, entweiht durch das Räsonieren darüber, dies freilich unter Beibehaltung ihrer wundersam und genügsam kräftigen Essenz, um hin und wieder den einen oder andern bevorzugten Geist zu entfachen: so beim Heiligen Augustinus, bei Pascal, Nietzsche.

Die absolute Liebe muss den Tod lieben. Es geht nicht darum, ihn zu *besiegen.* Das Einzige, was die Menschheit je hat tun können, ist die Angst vor dem Tod zu besiegen, und zudem ... Doch wer diese unmenschliche Liebe zu einem Leben, das den Tod miteinschließt, zu erreichen vermag, braucht nicht mehr zu siegen oder sich besiegen zu lassen. Aber es ist eine *tödliche* Liebe.

Hinter dem Polizeiglas meines Fensters ein riesiger weißer Fleck. Der erste Schnee. Wie schön der sein muss. Meine Kindheit und der Mondschein über einem Dezemberwald.

**7. November.** – Es ist ein bisschen weniger kalt. Ich kann schreiben. Habe heute *Von den Sippen zu den Imperien* erhalten (Moret und Davy), dazu zwei griechische Texte: *Xenophonios Oikonomikos* und *Demos-*

*thenous Olynthiakos.*[130] Zusammen mit dem Sanskrit wird das meine Vormittage ausfüllen.

Entdeckung Baudelaires. Ins Russische und in Prosa übersetzt wird aus ihm ein Dostojewskij.

Schweitzer gelesen. Die Anlage ist klar, und der Autor bringt das Grundlegende. Man gewinnt leicht von dem Buch. Leider begnügt sich Schweitzer nicht mit der Präsentation der Tatsachen, er beurteilt sie. Sein Kriterium (das er für evident hält und auf dessen Rechtfertigung er verzichtet!) ist die Ethik und eine christliche Sozialethik. Von daher seine vorgefassten und falschen Ideen. Er ist übrigens nicht der Einzige, der den falschen Weg geht, das gesamte westliche Denken hat sich zu überwinden vermocht, um das des Ostens wertzuschätzen (und umgekehrt?). Die Verwerfung oder die Behauptung der Welt – eine Formel ohne Sinn (denn sie setzt die Ethik voraus). Der Verzicht auf die (materielle) Welt bedeutet nicht deren Verwerfung. Schweitzer verkennt völlig das geistige Handeln, das geistige Erbarmen, wovon Buddhas Lehren u.a.m. geprägt sind. Der große Unterschied zwischen Westen und Osten besteht darin: Der Osten stellt den Menschen mitten in die Natur, setzt damit ein ganzheitliches Problem. Der Westen setzt sich fundamental *menschliche Probleme*, stellt den Menschen in Gegensatz zur Natur (von daher seine *soziale* = moralische Tendenz). Es ist übrigens falsch, vom Osten und vom Westen zu reden, auch unser Denken hat seinen Ursprung im Osten.

Im Ursprung fände man drei religiöse Denkansätze: den semitischen, den hinduistischen, den chinesischen (1. mystisch und gesellschaftlich; 2. mystisch und individuell, ganzheitlich; 3. rational und individuell).

Es gibt keinen Zweifel, dass uns Indien im Bereich des Denkens überlegen ist.

Problem des Heils – der Religion – der Weisen.

Problem des Seins – der Philosophie – der Philosophen.

**9. November.** – Vom Landleben geträumt: Felder, Wälder, Bäche. Gleichzeitig im Sommer und Winter (Skilaufen auf der Schneepiste zwischen zwei goldgelben Getreidefeldern).

Schreibhemmnisse: meine Finger sind geschwollen, Gelenkschmerzen: Feuchtigkeit.

Langeweile, Angst, metaphysische Beunruhigung – Vorrechte des Menschen. Die Tiere kennen keine Langeweile, vielleicht auch (gewisse) Menschen nicht, zum Beispiel jene Orientalen, die jedwedes bewusste Leben in sich auszulöschen wissen – und der ungleiche elementare Energieverschleiß (Anthropologie).

Langeweile und die Zeit. Tiefer Sinn der Langeweile.

Arbeit und Langeweile. Das wahre Problem wird noch verkannt. Zu überlegen ...

Ich vermute, man wird noch diese Woche das Urteil über mich fällen.[131]

**10. November.** – Verschnupft, Kopfweh, Fieber.

Das hinduistische Denken: Gott hat die Welt beim *Spielen* geschaffen; das Universum ist ein göttliches Spiel. Zu übertragen als: Gott hat die Welt aus *Liebe* geschaffen. Die *reine* Liebe (ohne Erbarmen, ohne Begehren, ohne Mitleid usf.) ist nichts anderes als die *Freude* (und nicht das Glück oder die Seligkeit). Ist auch das wesentliche Element eines *reinen* Spiels.

Sollte ich dereinst die Erkenntnis der Liebe gewinnen, würde ich dann auch der Erkenntnis Gottes oder der Götter teilhaftig? Sehr unwahrscheinlich – im religiösen Verständnis des Worts. Ist übrigens ohne Bedeutung.

**11. November.** – Habe von den Tieren geträumt: Pferde und Katzen (von mir bevorzugt). Mit Tieren geplaudert. Bin frisch und munter aufgewacht, außerdem geheilt von meinem Schnupfen (dies vielleicht dank einer Reinigung von Kopf bis Fuß mit eiskalter Luft gestern Abend).

Habe *Die Propheten Israels* von Glotz bekommen[132], dazu Marc Aurel (gefolgt von Epiktet). Und »Nach-Nachtisch«. Liebe Irène.

**12. November.** – Ein weiterer Brief an Irène (der dritte aus Fresnes), in dem ich von der *ganzheitlichen* Liebe sprach.[133]

M. V. hat ein Paket vom Roten Kreuz erhalten.[134]

Ein sehr großer Stolz kann zu Demut führen (Pascal), so wie eine sehr große Demut zum Stolz führen kann (Nietzsche).

Jahwes Liebe zum Volk Israel ist nicht die wahre Liebe. Sie ist moralisch ausgerichtet, basiert auf der Rechtmäßigkeit des auserwählten Volks (Propheten). Die wahre Liebe (und eben darin ist sie ein Wunder) steht über der Moral und der Berechtigung. Ohne Wechselseitigkeit.

**13. November.** – An Irène: Ihre Liebe ist der Lohn und die Rechtfertigung meines Lebens. Seien wir dem Schicksal dankbar.

**14. November.** – Von Granet *Das chinesische Denken* erhalten und dazu *Die Blumen des Bösen*.[135] Gestern Abend bekam ich Licht durch einen Trick. Ich hab's genutzt, um im Bett die *Gedanken* von Marc Aurel zu lesen. Sein Stoizismus ist sehr attraktiv und sehr erhaben, nur weiß ich allzu genau, woraus er besteht: aus der Verachtung irdischer Freuden, aus der wohlwollenden Gleichgültigkeit gegenüber den Menschen. Eine große Verarmung des Lebens, eine Todesweisheit – angelegt auf den Sieg über die Angst und den Schmerz. Vergöttlichung der Moral. Ein zutiefst trauriges Buch, schön jedoch in seinem Streben nach Nüchternheit. Man ahnt gleichwohl, dass Marc Aurel Angst vor dem Tod hat – er kommt unentwegt auf ihn zu reden, um sich selbst davon zu überzeugen, dass das Sterben natürlich, unausweichlich, naturgewollt und folglich gut sei usf. Entspricht ein wenig dem System Coué.[136] Ebenso versucht er, sich von der Existenz der Götter zu überzeugen.

Seine Moral ist sehr rein, sozial, sie ergibt sich keineswegs aus seiner Philosophie. Wunsch nach Stabilität, Unbewegtheit, von daher Mäßigung, Resignation. Vgl. den Ekklesiasten oder das Judentum.

**17. November.** – Dostojewskij schätzte die Musik, konnte aber Mozart nicht ertragen (nach dem Zeugnis seiner Frau).[137] Dies offenbart das Wesen seiner leidvollen, geplagten, zerrissenen Natur besser als alles, was man über ihn schreiben könnte. Die beiden sind zwei verschiedenen Polen der Menschheit zuzuordnen. Der eine hat die Gnade, der andere die Verzweiflung (was ebenfalls eine Art von Gnade ist). Kann man beides in einem verwirklichen? Mag sein (Jesus, Nietzsche?). Doch man bezahlt es teuer.

Im gewöhnlichen Leben vermochte ich mich immer mal wieder sehr gesellschaftstüchtig zu zeigen (vielleicht sogar allzu sehr). Dennoch lastet die Einsamkeit nicht auf mir (die meisten Häftlinge leiden entsetzlich darunter). Ob ich innerlich reicher bin als die andern? Oder womöglich hab ich mich ja auch in Gesellschaft schon immer allein gefühlt, von daher dann die Gewöhnung. Die Einschränkung durch die Zelle kann die Individualität [dessen], der sich über sich selbst beugt, nur bekräftigen.

**18. November.** – Irène wiedergesehen. Freude, Zärtlichkeit und eine Woge von Lebenssehnsucht.

Habe von Delaporte *Mesopotamien* bekommen, dazu von Claudel *Die Verkündigung an Maria*.[138] Zigaretten! Habe im *Pilori*[139]einen üblen Artikel über das Musée de l'Homme gelesen (worin ich, unter anderen, als F.M. traktiert werde!). Bin nicht mal empört; nur gewaltig angeekelt. Papier erhalten!

**21. November.** – Habe die *Bekenntnisse* des Heiligen Augustinus und das *Signal* mit einer Novelle von Herner Klau erhalten.[140] Keine Zigaretten (leider!).

Migräne (wegen zu viel Bettruhe: Man enthält uns das Licht vor).

Habe gestern Claudel wiedergelesen. Bin nicht so angerührt wie bei der ersten Lektüre vor drei oder vier

Jahren. Gewiss, schön ist das schon, aber es fehlt ihm an *Unmittelbarkeit*, an *Schlichtheit.* Das ist wohl mystische Bildung, halt eben Bildungsgut.

Habe heute *Der gehetzt Mensch* von P. Morand überflogen.[141] Mittelmaß. Der Stil neigt zur Vulgarität; es braucht die geistige Finesse eines Giraudoux, um sich eine ständige sprachliche Anspannung erlauben zu können, ohne dass dabei die Geschmeidigkeit verloren geht.

**23. November.** – Die kleinen Miseren und Freuden der Existenz. Gestern fehlte mir der Tabak; heute hab ich mir durch Vermittlung des Wärters bei meinem Nachbarn vier Zigaretten ausgeliehen. Die Hilfskraft gab mir zwei Streichhölzer und, zur Zerstreuung, *Die grüne Insel* von P. Benoit und *Festland* von J. Sarment.[142]

Die Suppe war gut, die Gamelle aber nur halb gefüllt; die Brotration eher gering. Draußen regnet es, das Gemäuer rieselt. Die Bucheinbände schimmeln, ebenso meine Schuhe. Aber kalt ist es nicht. Heute Morgen verspürte ich eine leichte Befriedigung, als ich meine Fortschritte in Sanskrit feststellte. Daraus also besteht diese Existenz in der Hoffnung zwischen dem Leben und dem Tod!

Manchmal verspüre ich Anfälle quälender Sehnsucht. In Wirklichkeit provoziere ich sie.

**24. November.** – Konnte gestern meinen Satz nicht zu Ende bringen, ein schrecklicher Fieberstoß (Malaria?) hat mich niedergestreckt. Ich habe die Nacht schlaflos verbracht, eine Nacht mit »dem Nordpol in der Sahara«, will heißen: zuerst eiskalt und vom Frösteln durchschauert, dann brennend heiß, erstickend, schwitzend, vom Durst gepeinigt (die Hälfte dessen, was mir vom Leben bleibt – was nicht viel ist – für eine Flasche Heidsieck, extra-dry, eisgekühlt!). Ich hörte mein Herz klopfen – im eigentlichen Wortsinn – in den Ohren! Im Augenblick geht's, doch eine große Schwäche. Verkatert wie nach einer Nacht der Wollust ... Belustigend ist, dass dieses Fieber meine Finger hat abschwellen lassen: Ich kann sie wieder biegen.

Ich liebe das große Fieber ziemlich.

(Fortsetzung von gestern:) beim Lesen zum Beispiel von Zeitungen (Theater, Kino) oder Romanen. Vor allem Naturbilder. Was mir am meisten abgeht: Sonne, Meer, Wald und Wind, vorab der Wind. Ich brauche derlei Sehnsüchte, damit das Gefängnis keine Macht über mich gewinnt. Ließe ich mich gehen, wäre es für mich zu einfach, keinen Schmerz zu empfinden, sei's im Rückfall in eine totale und unerschütterliche Gleichgültigkeit, sei's in der Flucht vor der Wirklichkeit in eine von der Phantasie geschaffene Traumwelt (Schleier der Maya[143]).

**26. November.** – Habe gestern Band zwei des Heiligen Augustinus bekommen. Und keine Zigaretten.

Habe heute die Lektüre der *Bekenntnisse* abgeschlossen. Eine sehr starke Persönlichkeit, dieser Heilige Augustinus. Aber sein Christentum kommt vom Alten Testament her und vom Apostel Paulus (man braucht bloß die Zitate zu zählen ...). Und eine starke Beeinflussung durch die griechische Philosophie. Alle Übel des Katholizismus.

Geschichte der menschlichen Zivilisation in zwei Worten: die Befreiung des Individuums. Einer der interessantesten Aspekte: die Lehre von der Unsterblichkeit der Seele. Vor Zeiten war die Unsterblichkeit generativ gesichert (Unsterblichkeit der Gattung, des Bluts usf.) oder durch die Konservierung der körperlichen Überreste (Ägypten).

Der Begriff des *Individuums* (unabhängig von seiner Familie, seiner Sippe usf.) scheint eine arische Errungenschaft zu sein (Indien und später Griechenland). Dieses hellenische Element markiert den Abgrund zwischen den beiden Testamenten.

**27. November.** – Heute hatten wir den Hofgang. Schönes Wetter, frisch, sonnig, der Wind trug den Geruch eines fernen Rauchs heran. Anfall von Sehnsucht.

**28. November.** – Zigaretten bekommen. Keine Bücher, doch bleibt mir einiges zum Wiederlesen. Granet erneut gelesen. Den alten Taoismus (Lao-tse und

Tschuang-tse) muss man in seiner Nähe zum zeitgenössischen Buddhismus und allgemein zur ganzheitlichen Liebe sehen. Bemerkenswert, dass ihre »Ekstase«, ihre »mystische Erfahrung« mein Dafürhalten illustriert, wonach jedwede mystische Erfahrung ihrer Essenz nach identisch ist: jene der Schamanen ebenso wie die der christlichen Heiligen, jene des Coitus ebenso wie die des reinen Geists.

Die Menschheit mag nicht im Traum von einem Goldenen Zeitalter leben. Doch man kann ihn entweder in die Vergangenheit oder in die Zukunft verlegen ... Manche von den Alten hatten ihn in die Vergangenheit verlegt, das Christentum nach beiden Richtungen, Nietzsche in die Zukunft. Gleichwohl ist Nietzsche der vielleicht am wenigsten europäische (westliche) unserer Philosophen.

Meine Wertschätzung für Granet nimmt unentwegt zu. Das war ein ganz großer Mann. Ein Gelehrter und Meister im Doppel.

**30. November.** – Heute Nacht ein schöner Traum oder gar eine Folge von Träumen, durch mehrfaches Aufwachen unterbrochen und dennoch eine thematische Einheit bildend: touristische Reise, so wie ich's liebe, das heißt ohne genaues Ziel, nur der Phantasie und dem Zufall folgend. Besuch mehrerer malerischer Dörfchen, einige alte Kirchen, schöne Landschaften. Schließlich verirrte ich mich in den engen Straßen einer unbekannten Stadt und hatte sowohl den Namen der Straße wie auch den des Hotels vergessen, wo ich abgestiegen war (und ich war nicht einmal sicher, ob sich das Hotel überhaupt in dieser Stadt befand!). Hat mich gewaltig amüsiert.

**3. Dezember.** – Sehr kalt, sehr finster. Gestern Spinozas *Ethik* erhalten.

**5. Dezember.** – Für ein paar kurze Minuten Irène wiedergesehen. Obwohl ich ja vorab weiß, an welchem Tag sie kommt, bin ich jedes Mal angerührt wie von einem Wunder. Die Liebe steht ihrem Wesen nach über sämtlichen Naturgesetzen, über jeglicher Vernünftelei.

Band 2 von Spinoza erhalten, seine *Ethik* ist sehr attraktiv; ich bin stets sehr empfänglich gewesen für die Eleganz des geometrischen Denkens (die Philosophie meiner frühesten Jugend war von der Art des Spinoza, ohne dass ich's gewusst hätte). Daher lässt sie sich übrigens auch nicht auf die Realität anwenden, denn die Realität hat nichts von mathematischer Strenge, und die Lebewesen sind nun mal keine Zahlen ... Allzu oft mündet Spinozas Nachdenken bloß in einen Begriffszwist. Zudem ist es gar nicht schwer zu beweisen, dass seine Begriffe des *Nützlichen* und des *Vollkommenen* arbiträr sind usf. Doch für sich genommen ist seine *Ethik* ein bemerkenswertes Werk, und wenn er von Descartes beeinflusst wurde, so hat er seinerseits Kant beeinflusst (und Leibniz?). Es sei denn, Kant wäre unmittelbar aus Descartes hervorgegangen.

Mein »Nachbar« ist zur Hilfskraft ernannt worden.

**7. Dezember.** – Die »mystische« Erfahrung dieser Nacht. Sollte das der Tod sein, wie schön wäre er dann!

**10. Dezember.** – Gestern keine Lebensmittel, aber die *Pariserzeitung*[144]: der Krieg zwischen Japan und den Vereinigten Staaten. Das verspricht ein hübsches Gemetzel.

Habe gestern Abend einen Brief an Irène geschrieben. Über die Liebe.[145]

Die sieben im Prozess von Brest zum Tode Verurteilten sind heute früh erschossen worden.[146]

**13. Dezember.** – Habe gestern Band 2 von Montaigne erhalten. Und der erste?

Ich glaube, die Hinrichtung hat am 11. auf Mont-Valérien stattgefunden; die Leichen hat man auf dem Friedhof von Ivry beigesetzt.

Ich genieße sehr den kühnen und kraftvollen und so wenig christlichen Geist Montaignes. Bezüglich des

XIII. Kapitels des zweiten Buchs kann man wohl beipflichten, dass der Lebenswille im Allgemeinen (aber nicht immer) mit der Schwächung des durch die Krankheit oder durch Schmerzen geprüften Körpers abnimmt.[147] Es kommt selten vor, dass ein alter Mann hinreichend klarsichtig ist, um sich seinen Verfall bewusst zu machen (und gerade dies ist in seinem Fall das Allerschlimmste). Man könnte daraus schließen, dass das schlimmste moralische Leid das eines zum Tode Verurteilten ist, der ja bis zur letzten Sekunde all seine geistigen Fähigkeiten und all seine fleischlichen Bedürfnisse voll bewahrt. Und das gilt auch sonst für viele Menschen, doch die Todesangst, wie übrigens alle andern Ängste auch, ergibt sich vorab aus geistiger Ungewissheit; hat man das Unvermeidliche einmal anerkannt und ihm ins Gesicht geschaut, gewinnt man sicherlich die geistige Abgeklärtheit und den ruhigen Mut, dem Tod unaufgeregt gegenüberzutreten. Ich meinerseits ziehe ein solches Ende einer langen und demütigenden Agonie vor. Auch ist es ein unendlich viel *reicherer* Tod als der in einem jähen Unfall oder auf dem Schlachtfeld.

Ich empfinde darob große Erregung, aber keinerlei Furcht. Und die Gewissheit, in einigen Wochen erschossen zu werden, hindert mich in keiner Weise daran, beim Sanskritstudium Vergnügen zu empfinden (was auch immer Montaigne dazu sagen würde). Eher das Gegenteil.

**14. Dezember.** – Habe heute einen Brief von Irène erhalten: vom 24. Oktober. Es ist der erste, der mich erreicht (außer einer kurzen Notiz, die ich noch in der Santé bekommen habe). Wie gut bringt doch diese Ungeschicklichkeit ihrer Schrift das Wesentliche ihres Charakters zum Vorschein; ohne jede Künstlichkeit, ohne Berechnung, mit vollem Einsatz ihrer selbst und in schutzloser Offenheit. Irène ist in der Bretagne gewesen, hat Plougrescant wiedergesehen, das Meer. Fast so, als wäre ich selber hingefahren.

**16. Dezember.** – Habe *Die deutschen Mystiker* von Chuzeville erhalten. Lese nochmals *Die Auferstehung* von Tolstoj, die ich in der hiesigen Bibliothek gefunden habe.[148]

**18. Dezember.** – Der Frankfurter Anonymus:[149] Bei ihm findet man alles Wesentliche von Spinozas Doktrin (Gott, Substanz, Affektionen ...) und anderseits die hinduistische Theorie des *Andern* und des Âtman. Allgemein hat das mystische Denken (soweit ich's anhand dieses kleinen Bändchens beurteilen kann) in seiner Grundanlage große Ähnlichkeit mit dem Denken der Hindus. Ist es eine weitläufige Übernahme durch Vermittlung der Araber (und womöglich Plotins?). Ich glaube es nicht: Die mystische Erfahrung bleibt sich überall gleich usf.

Novalis hatte die gleiche Erfahrung von ganzheitlicher Liebe. Ich könnte mehrere seiner Sätze unterschreiben ...

Von der Poesie in Beschlag genommen ...

**19. Dezember.** – Habe in einem Zug das *Symposion* von Platon verschlungen, das ich heute bekommen habe. Platon verfügt über eine ganz eigentümliche Kraft, die Seele zu adeln, sie über alles Unreine zu erheben. Er ist vor allem ein Dichter (und die Dichtung ist nicht möglich ohne Eingebung, ohne eine Erfahrung des Irrationalen). Um auf die Liebe zurückzukommen: Gewiss, das Begehren nimmt oftmals den Anschein von Liebe an (es ist, könnte man sagen, deren Korollar), doch ist reine Liebe auch rein von jeglichem Begehren, denn sie *besitzt* ja, was sie begehrt beziehungsweise begehrt hat. So *begehrt man* denn auch *nicht* in der körperlichen Liebe, wenn man *Liebe macht* (der Ausdruck hat einen tiefen Sinn), man ist vielmehr Teil des Vollzugs usf. Damit man Licht hat, muss etwas brennen. So ist's mit der Seele.

**20. Dezember.** – Ein Brief von Irène, datiert vom 1. Dezember. Das ist die Rechtfertigung meines ganzen Lebens. Beim Jüngsten Gericht wird mein Schutzengel diesen Brief in die Waagschale werfen und damit all meine Sünden, meine Laster, meine Ausschweifungen überbieten.

Jedoch weiß ich, dass mir keinerlei Verdienst zukommt, eine solche Liebe entfacht und Irène in die Zone der Ewigkeit eingeführt zu haben. Die Liebe ist immer ein Wunder, aber ich darf stolz darauf sein, bei Irène von Beginn an die Möglichkeit dieser geistigen Wiedergeburt geahnt zu haben. Das hat lange gedauert, und mehr als einmal war ich der Verzweiflung nah. Gewiss, ich habe die moralischen und intellektuellen Qualitäten meiner Frau und ihre Anhänglichkeit mir gegenüber niemals verkannt [...]. Doch was sollte ich mit diesen Qualitäten anfangen? Ich hab mich gleichgültig darüber hinweggesetzt, weil ich egoistisch, leichtfertig und amoralisch bin, zynisch sogar, wenn man so will. Ficht mich nicht an. Doch die Wege Gottes sind undurchdringlich. Wie sollte man nicht ans Geschick denken?

Was für ein Widersinn, dass ich eine Mitleids-Liebe geweckt haben soll! Und doch stimmt's insofern, als sich diese Liebe an mein ewiges Wesen wendet. Ich kenne die christliche Ergebenheit nicht. Irène hat mit dem Heiligen Augustinus recht.

Die Dichtung. In der Dichtung gewinnt die Sprache reale Existenz, in sich selbst. Das Wort geht über seine Bedeutung, seine Existenzberechtigung hinaus. Das ist das Eigenartige der Eingebung: durch den Wortklang an das irrationale Reale zu rühren. Deshalb ist wahre Dichtung unübersetzbar. Doch es gibt nicht viele Dichter, denen die wahre Offenbarung zuteil wurde, und selbst bei diesen kam es selten vor. Es ist eine mystische Erfahrung.

**21. Dezember.** – Zu meinen Träumen:

1) Ein sehr schöner Park (Wald?) unter einer herrlichen Herbstsonne; die Bäume mit ihren Gold- und Purpurblättern heben sich von einem ungetrübten Himmel ab ... Ich sagte mir: Genieße diese Schönheit, schau gut zu, wie schön die Natur an der Schwelle zum Tod ist. Und vergiss nicht, der deine ist nah ... Sei aber dankbar für diese Schönheit.

2) Ein Konzert im Freien, so etwas wie eine offizielle Fanfare, denke ich ... Eine leichte und mitreißende Melodie. In der Runde eine Menschenmenge, die von der Musik begeistert ist, die Gesichter künden von riesiger Freude, fast schon von Ekstase. Da dachte ich mir: Da haben wir das wahre menschliche Antlitz. Im Allgemeinen jedoch sind Träume in Farbe und mit Musik eine Seltenheit. Öfter gleichen sie Stummfilmen, in denen die Aussagen der Menschen weniger ausgesprochen als gedacht werden.

Meine Träume sind immer leicht und angenehm. Bisweilen sehe ich sie kommen, wenn ich noch mein Realitätsbewusstsein habe, und dann überlasse ich mich lustvoll dieser Flut, die mich zu unbekannten Gestaden fortträgt. Manchmal werde ich mitten im Traum wach (es gibt Nachtwärter, die ihren Eifer doch zu weit treiben: Stündlich sehen sie nach, ob ich nicht verschwunden bin, und jedes Mal machen sie Licht: Ich habe die zweifelhafte Ehre, als einer vermerkt zu sein, den es aus nächster Nähe zu überwachen gilt), doch gleichwohl gelingt's mir, den verfliegenden Traum beim Schwanz zu packen, und dann träume ich ihn erneut. Das ist eine Kunst, die man sich über längere Zeit aneignet.

**22. Dezember.** – Heute beim Aufwachen habe ich über meinen Traum nachgedacht und dabei versucht, einen Gedanken festzuhalten, der mir im Traum ganz klar war, dessen Gestalt sich aber in dem Maß verunklärte, wie ich ihn in logische Worte zu fassen versuchte. Ich hab's nicht in adäquater Weise geschafft. Alles, was mir bleibt, ist dies: Unser Leib, unsere irdische Existenz verhält sich zur Realität wie der Klang eines Worts zu dessen Idee. Der Klang ertönt und verstummt, er variiert nach Völkern und Zeitaltern, doch die Idee ist ewig und ist eine …

Ein ganz schönes Bild. Der Mensch als ein göttliches Wort … und insgesamt als das Fleisch gewordene Wort. Die Welt ist bloß das Gestammel eines geschwätzigen Gottes, der unentwegt schwadroniert. Doch Witz beiseite, das Bild enthält auch ein bisschen Wahrheit. Im Traum war's mir klar, doch kann ich mich nicht mehr daran erinnern.

Es ist erneut ziemlich kalt, was zwei Tage vor Weihnachten ganz und gar normal ist; zweifellos wird es im Januar noch kälter sein, dafür aber werden die Tage sich verlängern. Die Wintersonnenwende ist geschafft! Im Herbst hatte ich Bedenken im Gedanken an den Winter; nun komme ich aber gut mit ihm zurecht. Man gewöhnt sich an alles, sogar an das Dunkel. Bloß die Augen schmerzen ein wenig vom nächtlichen Schauen und vom Lesen in der Dämmerung: Auf Dauer würden sie dadurch ruiniert, da ich aber überhaupt nicht damit rechne, mehr als ein paar Wochen weiterzuleben ...

**24. Dezember.** – Habe gestern Rilkes französische Gedichte erhalten.[150] Rilke bleibt Rilke, aber auf Französisch ist er vielleicht noch luftiger, wird der Klang noch reiner (die Selbstlaute!). Offenkundig verfügt er nicht über die Materialbeherrschung eines Valéry (der tatsächlich ans Erhabene rührt in allem, was die materielle Seite angeht; wie primitiv und leichtfertig sich daneben ein Baudelaire bisweilen ausnimmt), aber seine Gefühle sind unmittelbarer und sein musikalischer Sinn bleibt unfehlbar. Selbst die Naivität seiner Reime kann bezaubern, und übrigens ist es keine berechnete Naivität und auch nicht die der Schlichtheit: Eher würde man sagen, dass hier eine innere Harmonie das Klangmaterial überschreitet und überbietet. Ein reicher Reim bezeichnet stets ein Einhalten, etwas Vorspringendes (bei Rilke ist alles im Fluss wie Quellwasser; und sein gebrochener Rhythmus, der stets dem Liedhaften nahekommt, sich aber zurückhält: Er vermittelt ganz wunderbar eine überkommene Gefühlslage). Aber man muss eben Rilke sein, um die französische Verskunst so frei zu behandeln.

**25. Dezember.** – Weihnacht ...

**27. Dezember.** – Besuch von Irène. Ich durfte sie umarmen. Ein derart reiner und intensiver Kuss, dass mir fast die Tränen kamen. Doch ich weinte nicht (noch nie konnte ich im Gefängnis weinen). Doch ich fühlte mich erschöpft von soviel schmerzlicher Freude. Die Liebe ähnelt dem Tod.

**31. Dezember.** – Habe gestern *Eine Saison in der Hölle* von Rimbaud bekommen (Beschränkung der Pakete auf eins in der Woche). Habe den Nachmittag mit dem Lesen meines Tagebuchs verbracht! Jahresbilanz dieses »Elendsjahres«.

**1. Januar 1942.** – Dichter Nebel klebt an meinen undurchsichtigen Fensterscheiben: sieht wie Milch aus (vergleichbare Nebel gibt's über der Ostsee). Stumpfheit, Trägheit, Lebensekel. Mir schwant der Tod wie ein schwerer und langer Schlaf, ohne Traum, ohne Erwachen. Einer dieser Tage, da man sich die Lüge des Alkohols lobt (ach, könnte ich eine Flasche Cognac kriegen!).

Gestern las ich mein »Tagebuch« durch (kann man ein Durcheinander von Überlegungen, Anhaltspunkten und Notizen zur Ereignislosigkeit als Tagebuch bezeichnen?). Ich empfand dabei eine leise Erregung, ähnlich der, die ich vor zwei Monaten hatte, als man mir meinen Taschenspiegel aushändigte und ich mich nach sechs Monaten im Glas betrachten konnte. Das bin also ich! Es gibt da nicht wenige Albernheiten und

Abgeschmacktheiten, Französisch- und Schreibfehler und sogar allerlei Faxen, doch all dies ist ehrlich, keine Schauspielerei. Und das will schon was heißen.

Und stets dasselbe Doppelthema: die Liebe und der Tod. Stets dieses Streben nach dem Absoluten, Versuch, sich selbst zu übersteigen, diese Suche nach dem Unauffindbaren ... und wenn ich glaube, Mensch geworden zu sein, werde ich gleich wieder unmenschlich. Und weshalb kommt mich diese Versuchung an, einen Otto, einen Losskij, einen Harnack derart anzuschwärzen? Weil ich in ihren Büchern nicht finden kann, wonach ich suchte? Man lernt aus Büchern nichts über sich selbst, außer dem, was man bereits kennt.

**2. Januar.** – Irène hat's geschafft, mir ein Päckchen Celtiques zukommen zu lassen! Liebe Freundin!

Großartige Träume, so wie Berichte voll von psychologischen und spirituellen Entdeckungen. Fast schon literarische Werke.

**3. Januar.** – Mir ist kalt und ich bin hungrig, doch ich fühle mich am Leben.

**5. Januar.** – »Stolz, Gegengewicht jedweden Elends. Entweder versteckt er sein Elend oder, wenn er es aufdeckt, rühmt er sich, es zu kennen.« (Pascal, S. 136) Das ist sehr wahr, doch dann verwechselt Pascal den Stolz mit der Eigenliebe oder dem Ehrgeiz. Der wahre Stolz schert sich wenig um die öffentliche Meinung und nicht mal um die der Nächsten. Der wahre Stolz ist der, welcher fortdauert in einer Einzelzelle oder auf einer abgelegenen Insel.

Man will geliebt werden ... usf. Ja, aber die Wirklichkeit ist viel komplizierter, oft empfindet man ein perverses Vergnügen daran, die andern zu täuschen und nicht besser, sondern schlechter zu scheinen (das Christentum kennt dieses Vergnügen sehr wohl: Ich bin der Unwürdigste, der Verwerflichste ... usf.).

**6. Januar.** – Habe *Das alte Indien* erhalten.[151]

Mein Prozess beginnt am Donnerstag. Gestern habe ich einen Brief an Irène geschrieben.[152] Man lässt uns zu wenig Zeit zum Schreiben: Das Papier wird bei der Dämmerung verteilt, und man kann nichts mehr sehen. Und doch muss man den Brief am Tag danach in der Früh abgeben. Diese Art von Schikane tut mir weh. Ist aber unwichtig.

Beim Schreiben dieses Briefs hatte ich diese visionäre Klarsicht. Ja, wie ein abgeschossener Pfeil ...

Der Tod. Ich habe weder Angst noch Verachtung. Die Liebe. Den Tod besiegen, heißt ihn lieben.

# Briefe aus der Haft

*Fresnes*

Mai 1941 bis Februar 1942

*[Gefängnis La Santé] 28. Mai 1941

Meine liebste Irène,°

Ich habe das Recht, Ihnen alle drei Wochen ein paar Worte zu schreiben, aber ich denke, dass Ihre eigenen Briefe nicht ebenso streng rationiert sind. Es geht mir physisch und moralisch sehr gut, und ich finde, den Umständen hier sind Geduld und Philosophie angemessen, bin aber besorgt über Ihr Leben zu Hause, da ich weder über Ihre Gesundheit noch die der Eltern Bescheid weiß. Ich hoffe, alle sind wohlauf.

Ich bitte Sie, mir ein Paar Schuhe zu bringen, den weißen Pullover, ein Handtuch und ein kleines Stück Marseiller Seife. Ich glaube nicht, dass man Sie ermächtigen wird, mich vor dem Urteil zu besuchen, doch Sie sollen wissen, Liebste, dass ich in der erzwungenen Einsamkeit viel an Sie denke, und ich spüre, dass auch Sie an mich denken. Die Einsamkeit und die Stille des Gefängnisses lassen mich mein ganzes Leben überdenken, unser ganzes Leben.

Ich habe keinerlei Gründe, mich über die deutschen Behörden zu beklagen – sie waren mir gegenüber stets sehr korrekt. Die Führung der Santé ist nicht sehr hart. Doch selbstverständlich wird mir die Zeit lang.

Ich habe nicht das Recht, Ihnen über die Einzelheiten meines Falls zu schreiben, ich kann Ihnen aber sa-

* Stellenkommentare, Nachweise usf. finden sich in den Endnoten ab S. 201.

gen, dass mir mein Gewissen nichts vorzuwerfen hat. Und darauf kommt es ja an. Also erwarte ich das Urteil ohne Furcht.

Meine liebe Freundin, ich hoffe, von Ihnen einige Neuigkeiten zu erfahren. Ich umarme Sie sehr zärtlich und übermittle meine Zärtlichkeit auch an Maman, an Papa und an Éveline.[1]

Ihr Boris

[Gefängnis Fresnes] am 15. September 1941

Meine liebste Irène,

In der Stille meiner Zelle denke ich an Sie mit meiner ganzen Liebe und mit meiner ganzen Zärtlichkeit, und ich bin Ihnen unauflöslich verbunden. Wir stehen über allem, was uns trennt. Es geht mir sehr gut: Glauben Sie nicht, ich sei krank, die Einsamkeit ängstigt mich nicht, und ich finde in mir die Anlagen eines intensiven Innenlebens, das mit der umtriebigen Aktivität des Alltagslebens nicht vereinbar wäre. Ich komme gewissermaßen zu meinen Quellen zurück, und indem ich mich meines gesellschaftlichen »Ich« entledige, werde ich erneut ein individuelles »Ich«.

Kurz, ich genieße einen inneren Frieden bei alledem, was das Gefängnis an Ungemach bringt. Das ist nicht Resignation, es bedeutet, dass ich's akzeptiere. Ich will, wie immer, Gewinn ziehen aus der Widrigkeit. Meine Liebste, ich danke Ihnen für Ihre Vorsorge: die Wäsche, die Früchte, die Bücher. Die Bedingungen für ernsthaftes Lesen sind hier wirklich ideal. Und ich erlerne die Grammatik mit viel Spaß und Hingabe.

Sorgen Sie sich im Übrigen nicht um das Schicksal der Bücher: Alle wertvollen Bücher werden auch später zurückgegeben. Ich nenne Ihnen als Hinweis die Bereiche, die mich besonders interessieren: alte und moderne *Philosophie*; *Geschichte* der großen Zivilisationen (Persien, Indien, Ägypten usf.), der Religionen (vorab des Christentums), Geschichte Frankreichs; allgemeine *Sprachwissenschaft* (eine gute französische Grammatik, dann möchte ich, nach dem Griechischen, so weit wie möglich Sanskrit und das Ungarische lernen); die französische *Literatur* (die Moralisten des 17. Jahrhunderts und ein gutes Sammelwerk mit Gedichten); moderne *Psychologie* usf. Wie Sie sehen, bleibt Ihnen nur die Qual der Wahl.

Viele Probleme, die mich interessieren, werden in der Reihe »Die Evolution der Menschheit« abgehandelt. Unnötig also, sie zu kaufen.[2] Vielleicht wird man Ihnen erlauben, mir außer den Büchern eine Wochenschrift zu besorgen, zum Beispiel *La Semaine* (Die Woche) – um nicht den Kontakt mit der Aktualität zu verlieren (bringen Sie auch einen Schwamm und einen Waschhandschuh mit).

Seit bald sechs Monaten bin ich im Gefängnis, und ich denke schon, dass man Ihnen in einigen Wochen einen Besuch bei mir zugestehen wird, dann werden Sie mir über alles berichten, was in der Zwischenzeit geschehen ist: Ihre Arbeit, die Gesundheit der Eltern, Évelines Studium. Oft denke ich mit tiefer Verbundenheit an zu Hause, und ich hoffe, alles gehe recht gut und die Entbehrungen bei Tisch seien nicht zu groß. Liebe Grüße an die Eltern und an Éveline.

Von meiner Mutter und meiner Schwester haben Sie wohl keine Nachrichten. Ob sie noch am Leben sind? Wo sie sich aufhalten? Erst nach dem Krieg werden wir es erfahren.[3]

Meine geliebte Irène, heute Nacht träumte ich von Ihnen, und im Traum sprach ich zu Ihnen von meiner

Liebe und meiner Zärtlichkeit. Ihre Gegenwart war mir eine riesige Freude, doch brauche ich keine Träume, um Ihre Gegenwart zu verspüren. Ich bin mit Ihnen, bin's für immer.

Ihr Boris

16. Januar 1942

Meine Liebste,

Hier nun ein Nach-Vor-Wort zu meinen »Blättern aus Fresnes«. Es ist ein grausames Geschenk, und ich weiß sehr wohl, dass Ihnen gewisse Seiten Schmerz bereiten werden. Doch gerade diese Grausamkeit ist das Zeichen meines absoluten Vertrauens in Sie und in Ihre Liebe, unsere Liebe.

Ich habe diese Seiten einzig für mich selbst geschrieben, oft sind es bloß Anhaltspunkte für meine Gedanken (und es wird viele Einzelheiten geben, die Ihnen unverständlich bleiben, doch das hat keine Bedeutung). Ich hatte die Absicht, sie zu vernichten, und ich war auch schon daran, es zu tun, weil ich seit den letzten Zeilen (am Mittwoch, dem 7. Januar) nichts mehr beizufügen hatte, da alles derart klar und richtig geworden war, dass ich nicht einmal mich selbst noch brauche.

Es ist dennoch gut, wenn Sie von diesem Tagebuch Kenntnis nehmen. Ich möchte nicht, dass Sie ein falsches Bild von mir bewahren. In meinen Briefen gab ich Ihnen mein Bestes, es ist nur richtig, wenn Sie auch meine Schwächen und mein Elend kennen lernen. Ich fürchte, Sie halten mich zu sehr für einen »Engel«. Ich bin bloß ein Mensch und, um die Wahrheit zu sagen, ich bin stolz darauf (vielleicht taugt ja ein Mensch mehr als ein Engel).

Diese Blätter haben keinerlei literarischen oder philosophischen Wert. Aber sie sind aufrichtig.

Den Ausgangspunkt bildete eine Sache, die ich in der Santé gesehen hatte: Eine Zeit lang war ich dort Hilfskraft und fand beim Aufräumen einer leer gewordenen Zelle auf dem Packpapier eines Pakets diesen schlichten und so banalen Satz, den wahrscheinlich die Frau des Häftlings geschrieben hatte: *Ich liebe dich.* Damals sah ich im Gefängnis das Strahlen einer gewaltigen Sonne der Liebe.

In der Santé hatte ich weder Papier noch Stift. Erst in Fresnes begann ich meine Gedanken schriftlich festzuhalten. Allmählich wurde es mir zur Gewohnheit, und ich hatte ein gewisses Vergnügen daran. Das also ist der Ursprung dieses Tagebuchs. Möge es Ihnen als Kommentar zu meinen Briefen dienen. Es ist ein kleiner Teil von mir selbst.

Montag, den 23. Februar 1942

Meine Liebste, geliebte Irène,

Verzeihen Sie mir, Sie getäuscht zu haben: Als ich herabkam, um Sie noch einmal zu umarmen, wusste ich bereits, dass es für heute[4] sein würde. In Wahrheit bin ich stolz auf meine Lüge: Sie haben feststellen können, dass ich nicht zitterte und dass ich wie üblich lächelte. So trete ich lächelnd ins Leben ein, wie in ein neues Abenteuer, mit einem gewissen Bedauern zwar, jedoch ohne Gewissensbisse und Furcht. Ehrlich gesagt habe ich mich bereits so weit auf den Weg in den Tod begeben, dass mir die Rückkehr ins Leben in jeder Hinsicht zu schwierig, wenn nicht unmöglich erscheint.

Meine Liebe, denken Sie an mich als einen Lebenden und nicht als einen Toten. Ich gab Ihnen alles, was ich zu geben hatte. Ich habe keine Angst um Sie: Es wird ein Tag kommen, da Sie mich und meine Briefe und die Erinnerung an mich nicht mehr brauchen werden. An jenem Tag werden Sie bei mir in der Ewigkeit sein, in der wahren Liebe. Bis zu jenem Tag wird meine geistige Präsenz (die einzig wahre) Sie überallhin begleiten.

Sie wissen, wie sehr ich Ihre Verwandten liebe, die auch meine Verwandten geworden sind. Durch Franzosen wie sie habe ich Frankreich kennen und lieben gelernt, mein Frankreich. Mein Ende möge ihnen vielmehr zum Stolz als zum Kummer gereichen.

Ich mag Éveline sehr und bin mir sicher, dass sie zu leben und zu arbeiten weiß, um ein neues Frankreich zu schaffen. Brüderlich denke ich an die gesamte Familie Mahn. Versuchen Sie, die Nachricht von meinem Tod für meine Mutter und meine Schwester leichter zu machen; ich habe oft an sie und an meine Kindheit gedacht. Sagen Sie allen Freunden meinen Dank und meine Zuneigung.

Unser Tod darf kein Vorwand sein für einen Hass auf Deutschland. Ich hatte für Frankreich gehandelt, und nicht gegen die Deutschen. Sie erfüllen ihre Aufgabe, wie wir die unsere erfüllt haben.

Man möge unser Andenken nach dem Krieg geziemend bewahren, das reicht. Im Übrigen werden uns die Kameraden vom Musée de l'Homme nicht vergessen.

Meine Liebste, ich bewundere Ihren Mut, und ich trage die Erinnerung an Ihr lächelndes Gesicht mit mir fort. Versuchen Sie zu lächeln, wenn Sie diesen Brief erhalten, so wie auch ich lächle, derweil ich ihn schreibe (eben hab ich mich im Spiegel betrachtet, hab darin mein gewohntes Gesicht gefunden). Nun kommt mir der Vierzeiler in den Sinn, den ich vor vier Wochen abgefasst habe:

*Wie immer bin ich ungerührt*
*Und ganz schön tapfer (ohne Not)*
*Bald werd ich von den Deutschen abgeführt*
*Und zwölf Gewehre geben mir den Tod.*

In Wahrheit ist es für mich kein großes Verdienst, tapfer zu sein. Der Tod ist für mich die Verwirklichung der Großen Liebe, der Eintritt in die wahre Wirklichkeit. Auf Erden stellten Sie für mich eine andere Möglichkeit dafür dar. Seien Sie stolz darauf.

Bewahren Sie als letztes Andenken meinen Ehering: Ich küsse ihn, bevor ich ihn vom Finger nehme.

Es ist schön, in vollkommener Gesundheit und Klarheit zu sterben, im Besitz aller geistigen Fähigkeiten. Ganz gewiss ist dies ein mir angemessenes Ende, passt besser als plötzlich auf dem Schlachtfeld zu fallen oder langsam, verzehrt von einer Krankheit, wegzusterben.

Ich glaube, das ist alles, was ich zu sagen hatte. Übrigens ist es nun bald an der Zeit. Ich habe einige meiner Kameraden kurz sehen können. Sie befinden sich wohl; das freut mich.[5]

Meine Liebe, geliebtes *Swerik*[6], eine gewaltige Zärtlichkeit steigt zu Ihnen hoch aus meiner Seele. Ich spüre Sie ganz nah bei mir. Bin umhegt von Ihrer Liebe, von unserer Liebe, die stärker ist als der Tod. Wir sollten unserem ärmlichen Glück nicht nachtrauern, es gilt so wenig neben unserer Freude. Wie klar nun alles ist! Die ewige Sonne der Liebe erhebt sich aus dem Abgrund des Tods.

Meine Geliebteste, ich bin bereit, ich gehe hin. Ich verlasse Sie, um Ihnen in der Ewigkeit erneut zu begegnen.

Ich segne das Leben, das mich überschüttet hat mit all seinen Gaben.

Stets der Ihre

Boris

# Annex

vom 15. Dezember 1940

anonym

abgefasst von Boris Vildé

*Widerstand*
Erste Ausgabe der Untergrundzeitung *Résistance*

Widerstand leisten! Das ist der Schrei, der sich aus euer aller Herzen löst in der Trauer, die das Unheil des Vaterlands bei euch hinterlassen hat. Es ist euer aller Schrei, die ihr nicht aufgebt, euer aller, die ihr eure Pflicht erfüllen wollt.

Doch ihr fühlt euch alleingelassen und schutzlos, und im Chaos der Ideen, der Meinungen und der Systeme sucht ihr nach einem Ort für eure Pflichterfüllung. Widerstand zu leisten, das heißt schon, Herz und Hirn beisammen zu halten. Doch vorab heißt es, aktiv zu werden, etwas zu leisten, das positive Fakten erbringt, sich in wohl bedachte und nutzbringende Handlungen überträgt. Manche haben es versucht, und oft verloren sie dabei ihren Mut ob ihrer eigenen Machtlosigkeit. Andere haben sich zusammengefunden. Aber auch diese Gruppierungen fanden sich oft alleingelassen und machtlos.

Mit Geduld, mit Schwierigkeiten haben wir nach ihnen gesucht, haben sie zusammengeführt. Sie sind bereits zahlreich (mehr als eine Armee allein für Paris), diese leidenschaftlichen und entschiedenen Menschen, die begriffen haben, dass es notwendig war, ihre Bemühungen zu organisieren, und dass sie dafür eine Methode, viel Disziplin und Führungskräfte brauchten.

Methode? Ihr bildet Gruppen an euren Treffpunkten mit denen, die ihr kennt. Diejenigen, die ihr ernennt, werden euch führen. Eure Anführer werden erfahrene Menschen finden, die ihre Aktivitäten ausrichten und uns auf verschiedenen Ebenen darüber informieren werden. Unser Komitee wird die Gesamtführung übernehmen, um eure Bemühungen zu koordinieren mit denen im unbesetzten Frankreich und denen, die gemeinsam mit den Alliierten kämpfen. Eure dringendste Aufgabe ist es nun, euch zu organisieren, damit ihr den Kampf dann wieder aufnehmen könnt, wenn ihr den Befehl dazu bekommt. Werbt mit Umsicht entschlossene Menschen an und stellt ihnen die besten zur Seite. Richtet jene auf und bestärkt sie, die im Zweifel sind und nicht mehr zu hoffen wagen. Sucht und überwacht jene, die das Vaterland abgeschrieben haben und es verraten. Sammelt täglich Informationen und Beobachtungen, die für eure Anführer von Nutzen sein können. Haltet euch an eine unbeugsame Disziplin, an stetige Vorsicht, an absolute Verschwiegenheit. Seid misstrauisch gegenüber den Unentschiedenen, den Schwätzern, den Verrätern. Ihr sollt nie auftrumpfen, euch niemandem anvertrauen. Seid bestrebt, eure Bedürfnisse selbst zu bewältigen. Wir werden euch später dann die für unsere Aktionen notwendigen Mittel, die wir zurzeit zusammenzubringen suchen, an die Hand geben.

Wir sind bereit, eure Anführer zu sein und haben geschworen, dieser Mission alles zu opfern, mit aller Härte, ohne Erbarmen.

Gestern einander noch unbekannt, und keiner von uns, der je an den einstigen Parteiquerelen, noch an Parlamentsversammlungen oder Regierungen teilgenommen hätte, unabhängig, Franzosen bloß, erwählt zu der Aktion, die wir uns vornehmen, haben wir einen einzigen Ehrgeiz, eine einzige Leidenschaft, einen einzigen Willen: einem reinen und freien Frankreich zur Wiedergeburt zu verhelfen.

*Das nationale Komitee des öffentlichen Wohls*[1]

# Kommentare und Referenzen

**Nota bene.** – Boris Vildés Gefängnistagebuch, entstanden zwischen Juni 1941 und Januar 1942, erscheint hier in der deutschen Erstübersetzung nach der für Editions Allia autorisierten Fassung, die vom Originaltext lediglich durch ein paar wenige Kürzungen abweicht; diese betreffen ausschließlich »intime« Notate und werden im Text, gemäß Absprache mit Marianne Mahn-Lot, der Schwägerin des Autors, durch [...] ersetzt. Der nachfolgende Anmerkungsteil wurde vom Übersetzer eigens für die deutschsprachige Leserschaft eingerichtet. Als Grundlage diente der von François Bédarida erstellte kritische Apparat zur französischen Buchausgabe (Boris Vildé, *Journal et lettres de prison, 1941-1942*, Editions Allia, Paris 1997); manche der dort angeführten Hinweise konnten für den hiesigen Gebrauch fortgelassen werden, andere wurden ergänzt oder neu hinzugefügt. Offenkundige Druck- und Transkriptionsfehler wurden stillschweigend bereinigt. Bei der Übersetzung fand nebst der genannten Buchausgabe auch der wissenschaftliche Erstdruck des *Gefängnistagebuchs* (in »Cahiers de l'Institut d'histoire du temps présent«, CNRS, Paris 1988) Verwendung. (F. Ph. I.)

1 Vermutlich ironische Anspielung auf eine Fahrt (Gefangenentransport) durch Paris vom Gefängnis La Santé, wo B.V. bereits seit zweieinhalb Monaten inhaftiert ist, zum Verhör am Sitz der Gestapo an der rue des Saussaies. – Über B.V. als Untersuchungshäftling berichtet (mit Bezug auf April 1941) Agnès Humbert, eine Gesinnungsgenossin und Mitgefangene, die am selben Ort von der Gestapo verhört und später zu fünf Jahren Zwangsarbeit in Deutschland verurteilt wurde, in ihren Kriegsmemoiren: »Ein abgemagerter Vildé, der gewachsen zu sein scheint. Sein schönes Gesicht ist umrahmt von einem blonden Bart, der ihm sehr gut steht! So sieht er dem jungen Edouard Manet ähnlich. Er ist merkwürdig gekleidet: blaue Hose, schwarze Jacke mit Saumstich, seine Hände sind hinterm Rücken gefesselt! Beim Gehen ist er behindert, er scheint den Gleichgewichtssinn verloren zu haben. Er sieht mir lang in die Augen mit einem Ausdruck von unbeschreiblicher Traurigkeit.« (A.H., *Notre guerre*, Paris 1946) – Ein anderer Mithäftling, André Weil-Curiel, berichtet ebenfalls von einer Begegnung bei der Gestapo, bei der B.V. von Hauptmann Doehring Kaffee und eine Zigarre angeboten bekommen und sich mit ihm in deutscher Sprache unterhalten habe, wobei dieser ihn gelegentlich »voller Wut« bezichtigt habe, ein Agent des Komintern zu sein. (A.W.-C., *Le Temps de la honte*, III, Paris 1947)

2 »Cherche-Midi« – im Gefängnis Cherche-Midi ist B.V. vermutlich ebenfalls verhört und mit seinen Mitangeklagten konfrontiert worden; »Frau S.« – als Person nicht eruiert.

3 *Ersatz* – deutsch im Original.

4 Im Französischen ist »der Tod« (*la mort*) weiblich.

5 Nikolaj Berdjajew (1874-1948), russischer Philosoph und Publizist; wurde 1922 als angeblicher Regimegegner aus

Sowjetrussland ausgeschafft, lebte danach in Berlin, ab 1925 in Paris, wo er sich mit zahlreichen Publikationen und als Rektor der ›Religiös-philosophischen Akademie‹ (bis 1940) einen Namen machte. Ob B.V. mit dem Autor persönlich bekannt geworden ist, bleibt ungewiss; dass er aber dessen Schriften studiert und genau gekannt hat, darf als sicher gelten, hat doch seine Frau (unter dem Namen Irène Vildé-Lot) ein Hauptwerk des Philosophen ins Französische übersetzt: *Cinq méditations sur l'existence* (Fünf Meditationen über die Existenz, Paris 1936; deutsch u.d.T. *Das Ich und die Welt der Objekte,* Darmstadt [1951]). B.V's Gefängnistagebuch ist von diesem Text, der auf eindringliche Weise die Frage nach »Einsamkeit, Gesellschaft und Gemeinschaft« stellt, durchweg zutiefst geprägt. – Die meisten Bücher und viele Aufsätze Berdjajews liegen seit den frühen 1920er Jahren in französischer Übersetzung vor, darunter *Le Sens de l'histoire* (Der Sinn der Geschichte, 1923), *Esprit et liberté* (Geist und Freiheit, 1933), *De la destination de l'homme* (Von der Bestimmung des Menschen, 1935). – Im deutschen Sprachgebiet setzte die Rezeption Berdjajews ebenfalls in den mittleren 1920er Jahren ein, um in den 1950er Jahren – mit der Erstübersetzung der »philosophischen Autobiographie« *Selbsterkenntnis* (Darmstadt/Genf 1953) – ihren Höhepunkt und zugleich ihr vorläufiges Ende zu finden. 1950 erschien als Übersetzung aus dem Französischen die erste Monographie über Nikolaj Berdjajew in deutscher Sprache (Eugène Porret, *Nikolaj Berdjajew und die christliche Philosophie in Russland,* Heidelberg 1950). An neueren deutschsprachigen Ausgaben sind u.a. zu nennen: *Der Mensch und die Technik* (Zürich 1971); *Die Geister der russischen Revolution* (Salzburg 1972); *Fortschritt, Wandel, Wiederkehr* (Zürich 1978); *Die russische Idee* (Sankt Augustin 1983).

6 *Sparkenbroke* – ein Roman von Charles Morgan (Erstdruck 1936, französische Ausgabe 1938), das erste Buch, das Irène Vildé ihrem Mann ins Gefängnis brachte; B.V.

hat es in der Folge dreimal gelesen und kommt im Tagebuch mehrfach darauf zurück.

7 »Irène ausgenommen« – erstmals erwähnt B.V. an dieser Stelle seines Tagebuchs den Namen seiner Frau Irène Vildé-Lot, mit der er seit Juli 1934 verheiratet war (weitere diesbezügliche Hinweise finden sich in diesem Band auf S. 18, S. 29f.).

8 B.V. hat sich verschiedentlich unter den »Großen« der Weltgeschichte nach früh verstorbenen Protagonisten umgesehen, mit deren Schicksal er sein eigenes Leben zu vergleichen suchte. In Alexander dem Großen (356-323 v. Chr.) und Jesus Christus, der ebenfalls mit 33 Jahren gestorben sein soll, glaubt er seine wichtigsten historischen Bezugspersonen gefunden zu haben.

9 Ein Wort im Ms unleserlich.

10 Nach mehrwöchiger Inhaftierung im Pariser Gefängnis La Santé wurde B.V. am 16. Juni 1941 nach Fresnes (südlich von Paris) verlegt, wo er bis zu seiner Hinrichtung am 23. Februar 1942 einsaß.

11 Alexis Carrel – Mediziner (Nobelpreis 1912) und Schriftsteller; kam 1935 mit dem narrativen Essay *Der Mensch, das unbekannte Wesen* zu weltweitem Ruhm. Carrel, der in einer hohen Funktion dem kollaborationistischen Vichy-Regime diente, trat als Sympathisant der NS-Ideologie öffentlich für Eugenik und den Primat der weißen Rasse ein, verurteilte die Frauenemanzipation wie auch generell die aufklärerische Forderung nach Gleichheit und Brüderlichkeit. Carrels Ruf nach der heroischen (maskulinen) Persönlichkeit und sein Lob an die Adresse der faschistischen Jugend Deutschlands und Italiens für deren Bereitschaft, »sich für ein Ideal zu opfern«, scheint B.V. ebenso beeindruckt zu haben wie dessen Forderung, die Wissenschaft auf eine »mystische Basis« zu stellen und die Demokratie durch eine »Biokratie« zu ersetzen. B.V's offenkundige, durch sein Tagebuch belegte Blindheit gegenüber derar-

tigen Auslassungen von Seiten seiner Verächter und Verfolger ergänzt sein ohnehin tragisches Schicksal um eine zusätzliche, ins Absurde sich erweiternde Dimension.

12 Mann und Frau? (*mari* und *femme*?)

13 Zu Beginn des Zweiten Weltkriegs lebten gegen 100 000 Emigranten aus Sowjetrussland in Paris, wo sie seit den frühen 1920er Jahren ein reiches kulturelles Leben (mit eigenen Schulen, Vereinen, Verlagen, Zeitschriften usf.) entfalteten. In der russischen Exilpresse machte sich Boris Vildé als Autor von Gedichten, Erzählungen und Essays einen Namen.

14 Gautama – anderer Name für Siddhartha, den Begründer des Buddhismus.

15 Von diesem Tag an darf B.V. im Gefängnis Pakete mit Nahrungsmitteln und Büchern empfangen; diese werden ihm in der Regel zweimal wöchentlich von seiner Frau oder seiner Schwägerin ins Gefängnis gebracht. Besuche bleiben ihm in der Isolationshaft verboten.

16 Zu B.V's eigenen Aktivitäten als Ethnologe siehe neuerdings Anne Hogenhuis, *Des savants dans la Résistance* (Paris 2009).

17 Henri Bergson, *Les deux sources de la morale et de la religion* (Die zwei Quellen der Moral und der Religion, 1932); das Buch gehörte zu den erfolgreichsten philosophischen Veröffentlichungen der damaligen Zeit und erlebte bis 1940 rund 40 Nachauflagen; für B.V. wurde es, wie das Gefängnistagebuch eindrücklich belegt, zu einer prägenden Leseerfahrung. Bergsons Tod im Januar 1941 fand im besetzten Frankreich kaum Beachtung; die von B.V. mitgegründete Flugschrift *Résistance* (III, 1941) brachte zumindest den vielsagenden Hinweis, wonach der große (jüdische) Philosoph »im harten Winter des besetzten Paris« an einer Lungenentzündung gestorben sei.

18 Das Wort (der Name?) in Klammern ist nicht eindeutig zu entziffern; als Vorname gelesen, würde »Petja« auf einen

*Pjotr* (Peter) verweisen, der wohl in Vildés persönlichem Bekanntenkreis zu suchen wäre.

19 »etwas Alttestamentliches« – Anspielung auf Bergsons jüdische Herkunft. Der Philosoph hat sich im Verlauf seiner intellektuellen Entwicklung mehr und mehr vom Judentum entfernt und sich dem Katholizismus angenähert. Noch auf dem Totenbett wollte er sich taufen lassen, verstarb jedoch, bevor der Priester eintraf; eine religiöse Abdankung fand nicht statt.

20 Vildé transkribiert einerseits »krof« (was es im Russischen nicht gibt, das aber für *krov'*, »Blut«, oder für *krov,* »Dach« stehen könnte), andererseits »kodof«, wofür es im Russischen keine Entsprechung gibt, so dass hier von einem Lesefehler des französischen Herausgebers beziehungsweise von einem Tippfehler in der Druckfassung auszugehen ist; richtig dürfte an dieser Stelle *godov* (Jahre) sein.

21 Zusätze in [...] vom Übersetzer.

22 B.V's Interesse an der Sprache (und an Sprachen) war mehr philosophischer denn linguistischer Art; einige seiner diesbezüglichen Überlegungen scheinen vorauszuweisen auf die generative Sprachtheorie der 1960er Jahre.

23 »der zweite Teil«– B.V. bezieht sich vermutlich auf das Kapitel (über »Die statische Religion«) von Bergsons *Zwei Quellen* (siehe oben, Anm.[17]), wo von Magie, Totemismus, Mythen und deren Beharrungs- bzw. Bewahrungskraft – im Unterschied zur mystischen Dynamik – die Rede ist.

24 B.V. war zu diesem Zeitpunkt in seinem siebten Ehejahr; seine Heirat mit Irène Lot hatte am 27. Juli 1934 stattgefunden. Die Eheleute haben sich bis zuletzt mit »Sie« angesprochen. Die Textauslassung an dieser Stelle (durch die französischen Herausgeber) lässt vermuten, dass B.V. von ehelichen »Intimitäten« spricht.

25 »Noch nie ...« – beinah wörtliches Zitat nach Henri Bergson (*Deux sources,* S. 105): »Doch hat es niemals eine Gesellschaft ohne Religion gegeben.«

26 Paul Bourget, *Un crime d'amour* (Erstausgabe 1886); es handelt sich um einen psychologischen, dabei militant naturalistischen Roman, mit dem Bourget eine »moralische Anatomie« aufzeichnen wollte.

27 »*Zarathustra* gelesen« – Friedrich Nietzsche gehörte in der Zwischenkriegszeit auch in Frankreich zu den meistgelesenen philosophischen Autoren und stieß nicht zuletzt in exilrussischen Kreisen (etwa bei Lew Schestow) auf nachhaltiges Interesse.

28 Peter Gast – der Herausgeber von Friedrich Nietzsches Korrespondenz.

29 [Fehlender Satzteil.]

30 Norbert Casteret, *Mes cavernes* (Meine Höhlen, 1940) – eine Neuerscheinung des damals weithin bekannten Speleologen, der in seinen erfolgreichen Sachbüchern Populärwissenschaft und Abenteurertum geschickt zu verbinden wusste. Eben diese Option mag für B.V. von Interesse gewesen sein.

31 Louis Lavelle, *La Conscience de soi* (Das Selbstbewusstsein, 1933) – ein moralischer Traktat über Einsamkeit und Gemeinschaft, den B.V. im Gefängnis empathisch rezipierte.

32 »Seele« (frz. *âme*, unsichere Lesart).

33 Zum Konzept der religiösen (mystischen) »Dynamik« bei Henri Bergson siehe oben Anm.[17; 23]. In den *Zwei Quellen* entfaltet Bergson (anknüpfend an frühere Schriften) sein elitäres Geschichtsverständnis, das in dezidiertem Gegenzug zur marxistischen Auffassung von der Prämisse geprägt ist, wonach Geschichte von starken, ja autoritären Führungspersönlichkeiten gestaltet, mithin »von oben« bestimmt und nicht »von unten« getragen wird. Auch hier scheint B.V. vom Faszinosum der starken Einzelpersönlichkeit eingenommen zu sein.

34 Vermutlich das populäre Magazin *Lectures pour tous* (Lesestoff für alle), das bei Hachette auch im besetzten Paris erscheinen konnte.

35 »Tod« (*mort*, an dieser Stelle unsichere Lesart).

36 [Einfügung] des Übersetzers.

37 Siehe Henri Hubert, Marcel Mauss (Hrsg.), *Mélanges d'histoire des religions* (Vermischte Schriften zur Religionsgeschichte, 1929), darin den »Versuch über das Wesen und die Funktion des Opfers« (1899).

38 Vgl. oben, Anm.[6]; Charles Morgan, Verfasser des *Sparkenbroke* und anderer Erfolgsromane, war ein damals in Frankreich vielgelesener Autor (vgl. auch dessen *Portrait in einem Spiegel*, 1930), der auch B.V. für sich eingenommen hat durch die Thematisierung des Konflikts zwischen Leib und Geist, Instinkt und Vernunft.

39 Über B.V's Familie liegen nur wenige Informationen vor. Mit seiner früh verwitweten Mutter Marija Wilde (geb. Golubewa) und der Schwester Raissa emigrierte B.V. während des Bürgerkriegs aus Russland nach Estland, wo er seine Schul- und Universitätsausbildung erhielt; seine Verbundenheit mit beiden ist durch mehrere Briefe aus den 1930er Jahren dokumentiert; B.V's Mutter starb 1971, seine Schwester bereits 1967 (siehe dazu Anne Hogenhuis, *Des savants dans la Résistance*, Paris 2009; mit Briefzitaten).

40 *Das griechische Denken* – Léon Robin, *La Pensée grecque et les origines de l'esprit scientifique* (Paris [2]1932).

41 In seiner Jugend spricht B.V. russisch, estnisch, deutsch; das Französische beginnt er erst nach seiner Ankunft in Paris (1932) zu praktizieren, beherrscht es aber schon nach wenigen Jahren in Wort und Schrift.

42 Gemeint ist Natascha Rostowa aus Lew Tolstojs Roman *Krieg und Frieden*, als deren Prototyp die Frau des Autors, Sofija (Sonja) Bers, zu gelten hat.

43 »Hitler das positive Genie« – die wohl am meisten irritierende Passage in B.V's Tagebuch: Der Häftling im trauten Zwiegespräch mit seinen Verfolgern; Hitler als positive, wenn auch nicht als ideale Führerfigur. Ein

psychologisch wie auch intellektuell schwer einsehbarer Moment – da wartet ein Widerstandskämpfer, der sich in vielen Verhören klar zu seinem Engagement bekannt hat, auf sein Todesurteil, und scheut sich dennoch nicht, den Gegner zu belobigen und dessen verbrecherischen »Führer« in sein Heldenschema einzupassen (vgl. oben, »Einleitung«, S. 26f.).

44 Harold Höffding (1843-1931), dänischer Religionsphilosoph, der lange Zeit mit Henri Bergson in Korrespondenz stand.

45 Albert Marchon, *Le Bachelier sans vergogne* (Der dreiste Maturand, Paris 1925).

46 Lew Schestow (eigentl. Leo Schwarzmann, 1866-1938), russischer Philosoph und Publizist, seit 1921 als Emigrant in Paris ansässig; *Potestas clavium* (Schlüsselgewalt, 1915; deutsch 1926), ein Hauptwerk von Schestow, erlebte in Frankreich (übersetzt von Boris de Schloezer) zwischen 1927 und 1936 drei Auflagen. B.V's Verhältnis zu Schestow schwankte zwischen Bewunderung und Irritation, obwohl oder weil er mit ihm sein ausgeprägtes Interesse für Autoren wie Plotin, Pascal, Kierkegaard, Dostojewskij, Tolstoj, Nietzsche u.a. sowie für den Hinduismus teilte.

47 »alttestamentlich« – steht bei B.V. für *jüdisch*, eine Umschreibung, die er auch für Henri Bergson verwendet (vgl. oben, Anm.[19]); wie Bergson war Schestow ein agnostischer Jude mit christlichen und hinduistischen Sympathien.

48 Dmitrij Mereshkowskij (1865-1941), russischer Schriftsteller und Philosoph, Verfasser zahlreicher historischer Romane und kulturkritischer Essays, lebte ab 1920 als antibolschewistischer (zuletzt als profaschistischer) Emigrant in Paris; mit ihm teilte B.V. sein Interesse an großen historischen Führerpersönlichkeiten und Kulturhelden (Leonardo, Dante, Tolstoj u.a.m.) sowie an religiösen Fragen (vgl. u.a. *Les Mystères de l'Orient: Égypte-Babylone*, Paris 1927).

49 Unklarer, z.T. fehlerhafter Satzzusammenhang.

50 »Feuilletonist« – hier in der ursprünglichen französischen Funktionsbezeichnung (erstmals 1817) eines Autors von Fortsetzungsromanen, die regelmäßig in der Tages- oder Wochenpresse abgedruckt wurden.

51 Julien Roud, Pao Devi (?) – nicht eruierbar; Boris Poplawskij (1903-1935), exilrussischer Dichter und Bohémien, der sich in Paris mit extravaganten Lesungen und sonstigen Auftritten einen skandalösen Namen machte (siehe die deutschsprachige Lyrikauswahl B.P., *Unter der Sternenfahne,* Düsseldorf 1998).

52 Mit P. könnte Pierre Walter gemeint sein, ein Kollege B.V's aus dem Netzwerk um das Musée de l'Homme und sein Nachfolger als Gruppenleiter. Agnès Humbert (*Notre guerre,* Paris 1946) erinnert sich an eine späte Episode zwischen Walter und Vildé; die beiden treffen sich am 17. Februar 1942 vor Gericht und vernehmen ihr Todesurteil: »Eine halbe Stunde danach waren wir alle erneut im großen Saal beisammen. Vildé geht nun doch davon aus, dass man ihn als Geisel erschießen wird, da es am Tag zuvor in Paris ein neues antideutsches Attentat gegeben hat. Er berichtet davon mit unverkrampftem Ausdruck, so als redete er von einem andern, einem Unbeteiligten; er scherzt mit Pierre Walter. [...] Pierre sieht sich die Innenseite seiner [B.V's] Hand an und folgt mit seinem rechten Zeigefinger der Lebenslinie: ›Sie ist lang, alles wird gut gehen.‹ Und er lacht dabei.«

53 Vollständig im Text: »Diese seltsame Kristallisation von Freude, welche die Liebe bis in die materiellen Dinge hinein entdecken kann.« (Charles Morgan, *Sparkenbroke,* Kap. XIII; vgl. oben, Anm.[6; 38])

54 Im französischen Text wird das Verb *perdre* in seiner transitiven Doppelbedeutung (»verlieren«; »verderben«) eingesetzt; die Frau, die Don Juan verdirbt, verliert er auch.

55 Petschory (russisch Печоры, estnisch und Setu: *Petseri*, deutsch *Petschur*) ist eine Stadt in der nordwestrussischen Oblast Pskow mit ca. 13 000 Einwohnern (2006).

56 Maurice Thorez (1900-1964), französischer Parteipolitiker, ab 1930 Generalsekretär der KPF und überzeugter Stalinist; seit dem deutschen Überfall auf die UdSSR im Juni 1941 engagierte sich die KPF aktiv im Kampf gegen die Okkupation Frankreichs – der Hauptgrund dafür, dass in der Folge zahlreiche Kommunisten verhaftet und abgeurteilt wurden. B.V., der einst der Linken nahestand, scheint an dieser Stelle seines Tagebuchs den französischen Kommunistenführer nicht mehr allzu ernst zu nehmen.

57 Das deutsche Hungerregime in den französischen Gefängnissen ist verschiedentlich beschrieben worden, u.a. auch von Agnès Humbert in ihrem Erinnerungsbuch *Unser Krieg* (siehe oben, Anm.[52]).

58 Rudyard Kipling, *Kim* (1901) – wenn sich B.V. an dieser Stelle insgeheim die einzige Rüge gegenüber seiner Frau gestattet, so wohl deshalb, weil er seine kurz bemessene Lese- und Lebenszeit im Gefängnis nicht an ein Kinderbuch verschwenden möchte; gleichwohl kann man über den schroffen Ton erstaunt sein.

59 S. und W. – Kürzel unklar; vielleicht sind B.V's Mitangeklagte René Sénéchal und Pierre Walter damit gemeint.

60 Mâyâ steht in der indischen Mythologie für die Gattin des Brahma (und Mutter Buddhas) und ist in der *Veda* dem Gott Veruna zugeordnet; gilt allgemein als Symbol göttlicher Wunderkraft, auch als Blendwerk: Illusion als Quelle der sichtbaren Welt im Gegensatz zum wirklich Seienden (Brahma).

61 »denkendes Schilfrohr« – nach Blaise Pascal (*Pensées*, VI, 347): »L'homme n'est qu'un roseau, le plus faible de la nature; mais c'est un roseau pensant.«

62 Piers – d.i. Piers Tenniel, 12. Baron Sparkenbroke, männlicher Protagonist in Charles Morgans gleichnamigem Roman (vgl. Anm.[6]).

63 B.V. unterschlägt (oder unterschätzt) hier seine eigene literarische Begabung. Tatsache ist, dass er – lange nach seinen jugendlichen Anfängen – in der exilrussischen Presse als Dichter (z.T. unter dem Pseudonym *Dikoj* »der Wilde«) durchaus präsent, wenn auch nicht sehr bekannt war – er veröffentlichte seine Texte ab 1920 in verschiedenen russischsprachigen Zeitschriften, Almanachen, Zeitungen usf. in Berlin, Brüssel, Revel, Narwa, Paris. Gedichte schrieb er sowohl in russischer wie auch in französischer Sprache. Ein Buch hat er nie vorgelegt.

64 Zu Boris Poplawskij siehe oben (Anm.[51]).

65 Hermann Oldenberg, *Le Bouddha, sa vie, sa doctrine, sa communauté* (Paris ²1903; deutsche Erstausgabe Berlin 1881).

66 B.V's Verhaftung durch die Gestapo erfolgte am 26. März 1941; siehe dazu oben, »Einleitung«, S. 7ff. Vgl. Anne Hogenhuis, *Des savants dans la Résistance* (Paris 2009), S. 131-137.

67 »Roccos« – unklar.

68 »materielle Güter« – unklare Lesart (»*biens*« oder »*lieux*« *matériels*?).

69 Satz unvollständig im Original.

70 »Kirilow« (richtig: *Kirillow*) ist einer der Protagonisten von Fjodor Dostojewskijs Roman *Die Besessenen* (1871/1872). Aleksej Kirillow, der ein nicht begangenes Verbrechen auf sich nehmen soll, entschließt sich zur Selbsttötung, um einerseits seine Freiheit zu behaupten und anderseits die Hilfe Gottes abzuweisen, den er ohnehin für eine Illusion hält.

71 *Le Canard enchaîné* – satirisches Pariser Wochenblatt.

72 *Die schöpferische Entwicklung* – d.i. Henri Bergson, *L'Evolution créatrice* (Paris 1907).

73 Zwischenfall bei der Fahnenübergabe in Versailles (27. August 1941) an das erste Kontingent der ›Legion der französischen Freiwilligen gegen den Bolschewismus‹, als der 20-jährige Paul Colette ein Pistolenattentat verübte und zwei Personen, darunter Laval, verletzte; der Täter wurde zum Tod verurteilt, dann aber begnadigt und nach Reichsdeutschland deportiert.

74 *Der funkelnde Fluss* – Theaterstück von Charles Morgan (*The Flashing Stream*, 1938; in Buchform französisch 1939, mit einem Essay des Verfassers über *Die Einheit des Geists*).

75 »Vor zwei Jahren ...« – Am 1. September 1939 hatte der Weltkrieg mit dem Überfall der deutschen Wehrmacht auf Polen begonnen.

76 B.V. soll sein Griechischstudium streng geplant und durchgeführt haben: Innerhalb von acht Wochen wollte er, mit zweieinhalb bis drei Stunden Tagespensum, die Sprache vollständig erlernen. (Unbelegter Hinweis in der französischen Ausgabe des Tagebuchs, S. 128.)

77 Es handelt sich um B.V's dritte Lektüre des Romans während seiner Haftzeit.

78 Nikolaj Losskij (1870-1965), russischer Philosoph, 1922 aus Sowjetrussland ausgewiesen, danach in der Tschechoslowakei, den USA und Frankreich tätig; Schöpfer und Hauptvertreter des philosophischen ›Intuitionismus‹ (oder ›Idealrealismus‹) in der Nachfolge Henri Bergsons; B.V. dürfte von Losskij die französische Übersetzung von *Intuition, Materie und Leben* (Paris 1928) unter der Hand gehabt haben.

79 »Zeichnungen, Endungen« (dessins, désinences) – Bezug zur deutschen Philosophie unklar; mit den »Endungen« mögen die deutschen *Wortendungen* (für Abstracta) auf -keit, -heit, -tum u.ä.m. gemeint sein.

80 Der »transmentale« (auch »alogisch« oder »hintersinnig« genannte) Spracheinsatz in der Wortkunst der europäischen Avantgarde des frühen 20. Jahrhunderts hat in dem russischen Dichter Welimir Chlebnikow (1885-1922) ei-

nen Protagonisten gefunden, der den Italiener F. T. Marinetti (1876-1944) an Radikalität und Konsequenz bei weitem übertraf. Dass Boris Vildé über Chlebnikows damals kaum bekannte Experimente Bescheid weiß, macht deutlich, wie eng er der künstlerischen Literatur – vorab der russischen – verbunden war.

81 *Lisez-moi* (Lest mich) – ein Literaturmagazin (Reader's Digest), das Boris Vildé offenbar im Gefängnis z.V. hatte. – Maurice Constantin-Weyer, *Un homme se penche sur son passé* (Ein Mann beugt sich über seine Vergangenheit, 1928), Erlebnisbericht über einen Aufenthalt des Autors in Kanada.

82 Siehe den Brief B.V's vom selben Tag an Irène, unten, S. 167ff.

83 Hans Driesch (1867-1941), als Biologe und Philosoph Vertreter einer vitalistischen Lebenslehre nach dem immateriellen Prinzip der sog. Entelechie; Eduard von Hartmann (1842-1906), Philosoph, synthetisierte aus Hegel und Schopenhauer einen »transzendentalen Realismus« mit stark pessimistischer und nihilistischer Tendenz.

84 W. Smakow, vermutlich ein Jugendfreund Vildés, als Person nicht näher bestimmbar.

85 »pa-tro-ma-to-pro pa-tra mo-ta-pra ...« – offenkundig handelt es sich bei dieser Lautfolge um eine assoziative beziehungsweise anagrammatische Reihung, die nicht mit griechischen, vielmehr mit französischen Wortanklängen operiert: »pas trop« (nicht zuviel), »trauma« (Trauma), »patron« (Herr, Chef), »propos« (Spruch, Absicht) »marteau« (Hammer), »mot« (Wort), »mort« (Tod) usf.

86 Curt Riess, *Hollywood inconnu* (Das unbekannte Hollywood, französische Ausgabe 1937).

87 Die alttestamentliche Erzählung vom Sündenfall kehrt in verschiedenen Texten Lew Schestows wieder.

88 *ama et fac quod vis* – »liebe und tu, was du willst« (Original lat.: *dilige et quod vis fac*); oft fehlerhaft zitiertes Dictum

des Hl. Augustinus, *In epistulam Ioannis ad Parthos* (Tractatus *VII, 8*).

89 *die Menschen sind sterbliche Götter und die Götter sind unsterbliche Menschen* – bei Heraklit: »Unsterbliche sterblich, Sterbliche unsterblich: Sie leben den Tod jener, und das Leben jener sterben sie.« (DK 22B62)

90 *Das Heilige* von Otto – Rudolf Otto, *Das Heilige* (1917; französische Ausgabe 1929); einflussreiches religionsphilosophisches Werk, das in mehreren Auflagen und Ausgaben gedruckt wurde und noch heute des Öfteren zitiert wird.

91 »bei allen Schamanen« – über den Schamanismus war B.V. durch seinen Forschungs- und Expeditionskollegen Anatole Lewitzky, der in diesem Bereich als Experte galt, gut informiert.

92 Nikolaj Fjodorow (1828-1903), russischer Philosoph und religiöser Denker, gilt als Begründer des Kosmismus; in seinem postum publizierten Hauptwerk (*Philosophie der gemeinsamen Sache,* 1906-1913) entwickelt er eine Gemeinschaftslehre, in die auch die Toten einbezogen sind, deren Auferweckung als »moralischer Primärimpuls des Menschen« postuliert wird. Für B.V. dürfte Fjodorows Denken (über das er vermutlich durch Nikolaj Berdjajew informiert war) gerade wegen dessen eigensinniger Grenzüberschreitung zwischen Dies- und Jenseits von Interesse gewesen sein.

93 »von Papa« – B.V's Schwiegervater Ferdinand Lot.

94 *Psychologie der Sprache* – H. Delacroix, E. Cassirer u.a. (Hrsg.), *Psychologie du langage,* Paris 1933.

95 *Aufrichtige Geschichte* – Charles Seignobos, *Histoire sincère de la nation française,* Paris 1933.

96 »wechselt man die Bücher aus« – bezieht sich vermutlich auf die Gefängnisbibliothek; »bekomme ich ›Besuche‹« – tatsächlich durfte B.V. als Isolationshäftling keinerlei Besuche empfangen; erlaubt war ihm lediglich (zwei Mal

pro Woche) die Entgegennahme von Paketen via die Gefängnisverwaltung. Erst am 4. November 1941, nach rund neun Monaten Haft, kam es in Fresnes zu einem Zusammentreffen B.V.'s mit seiner Frau Irène.

97 Tartu – in der estnischen Universitätsstadt Tartu (Dorpat) hat B.V. nach der Flucht aus Sowjetrussland mit seiner Mutter und der Schwester Raissa einen Teil seiner Jugend verbracht.

98 *Die Anfänge Europas* – Christopher Dawson, *The Making of Europe* (1932; französische Ausgabe u.d.T. *Les Origines de l'Europe*, 1934).

99 Seignobos – siehe oben (Anm.[95]).

100 *Der Nil von Moret* – Alexandre Moret, *Le Nil et la civilisation égyptienne* (Paris 1926).

101 Géraldy *Du und ich* – Paul Géraldy, *Toi et moi* (Paris 1913); eine sentimentale Lyriksammlung, die nach dem Ersten Weltkrieg mit rund anderthalb Millionen verkauften Exemplaren zum Bestseller wurde.

102 Deutsche Frontzeitung, erschien 1941 bis Sommer 1944 in Nancy und Paris; Auflage ca. 200 000 Exemplare.

103 *Das antike Persien* von Huart – Clément Huart, *La Perse antique et la civilisation iranienne* (Paris 1925); *Die Woche* – vermutlich ein Wochenmagazin (*La Semaine*); *Das Werk* – vermutlich Émile Zola, *L'Œuvre* (1886; zahlreiche Nachauflagen).

104 Pascals *Gedanken* – wenige Stunden vor seiner Hinrichtung bezeichnete B.V. Pascals *Pensées* im Gespräch mit seiner Frau Irène als sein »Lieblingsbuch« (nach Martin Blumenson, *The Vildé Affair*, Boston 1977).

105 »Zufall unseres Zusammentreffens« – tatsächlich lernten sich B.V. und Irène Lot durch einen Zufall kennen: Irène hatte per Inserat einen Partner für russische Konversation im Austausch gegen Französischunterricht gesucht; B.V., erst seit kurzem in Paris, hatte auf die Annonce geantwortet.

106 »meine Aktivität« – B.V. hat seine Aktivitäten in der Résistance stets vor seiner Familie verborgen gehalten; einzig mit der Schwägerin Éveline Lot scheint er gelegentlich darüber gesprochen zu haben.

107 »Weder Engel noch Bestie!« – vgl. Blaise Pascal (*Pensées*, VIII, 358): »L'homme n'est ni ange ni bête, et le malheur veut que qui veut faire l'ange fait la bête.«

108 »sich nicht vor dem *Schwindel* fürchten« – B.V. bezieht sich hier offenbar auf Lew Schestows *Apologie der Abgehobenheit* (1911; französisch u.d.T. *Sur les confins de la vie*, Paris 1927, mit mehreren Nachauflagen), deren letzter Abschnitt (im Original auf Deutsch) betitelt ist mit »Nur für Schwindelfreie!«

109 »Mönche« – Lesart (*moines*) unsicher.

110 Staatsanwalt – im Prozess gegen »Das Netz um das Musée de l'Homme« amtierte ein aus dem Elsass stammender Hauptmann namens Gottlob, der für seine brutalen Verhörmethoden berüchtigt war; auch vor Gericht soll es zwischen ihm und B.V. zu einer scharfen Auseinandersetzung gekommen sein (vgl. Martin Blumenson wie oben, Anm.[104]).

111 »einen Anwalt genommen« – als Verteidiger für B.V. engagierte Irène Vildé den Anwalt Julien Kraeling (auch Kraehling).

112 »das Ich sei hassenswert« – Blaise Pascal (*Pensées*, 455): »Le moi est haïssable.«

113 »Richtigkeit« – im Französischen kann »juste« sowohl für *richtig* wie auch für *gerecht* stehen.

114 Oscar Wilde: *Gefängnisballade* – Wildes *Ballad of Reading Gaol* (1898) entstand während eines Gefängnisaufenthalts, wodurch das berühmte Werk bei B.V. zusätzliches Interesse gewann.

115 »Pascals *Gebet für die Kranken*« – Blaise Pascal, *Prière pour demander à Dieu le bon usage des maladies* (Gebet an Gott um den guten Gebrauch der Krankheiten, 1659/1660).

116 Ama et fac ... – siehe oben (Anm.[88]).

117 »Gedichte von Gumiljow« – Nikolaj Gumiljow (1886-1921), russischer Dichter, von dem B.V. schon in seiner Jugend fasziniert war, was vermutlich auf den heldischen, soldatischen, bisweilen »übermenschlichen« Charakter des lyrischen Ich in dessen formstrenger Poesie zurückzuführen ist – Eigenschaften, die B.V. stets geschätzt und wohl auch an sich selbst beobachtet hat.

118 Kunstausstellung – eine umfassende Ausstellung klassischer italienischer Malerei im Pariser Petit Palais, die 1935 wochenlang Furore machte.

119 »Papas Buch« – Ferdinand Lot, B.V's Schwiegervater, war bis 1937 Ordinarius für mittelalterliche Geschichte an der Pariser Sorbonne, gehörte der Liga für Menschenrechte an, sympathisierte mit der Résistance; er verfasste zahlreiche Werke zur Geschichte Westeuropas vom 10. bis 12. Jahrhundert, zuletzt eine Monographie über *Die Geburt Frankreichs* (La Naissance de la France, 1948). Lots Frau (und also B.V's Schwiegermutter) Myrrha Lot, geb. Borodina, befasste sich als Mediävistin mit dem religiösen Denken des Mittelalters, schrieb auch – in russischer Sprache – Gedichte und soll sich mit B.V. besonders gut verstanden, ihn womöglich auch spirituell beeinflusst haben.

120 Chartistenschule – ›École des Chartes‹, Eliteschule in Paris, zu deren Zöglingen Ferdinand Lot gehört hatte.

121 Puschkin – hier irrt B.V.: Aleksandr Puschkin (1799-1837) starb mit 38 Jahren in einem Duell, das er mit suizidaler Absicht gefordert haben soll; Sergej Jessenin (1895-1925) gab sich nach einem turbulenten Leben und einer erfolgreichen Dichterkarriere im Leningrader Nobelhotel ›Angleterre‹ den Tod.

122 »das Schlachtfeld« – Standort des Artillerieregiments im französischen Jura, bei dem B.V. im Juni 1940 Militärdienst leistete.

123 »Gedichte von Valéry« – vermutlich Paul Valéry, *Album de vers anciens* (1920) oder *Charmes* (1922); vgl. unten (Anm.[128]). – *Das Wesen des Christentums* – Adolf von Harnack (1851-1930), protestantischer Theologe, erzielte mit diesem seinem Hauptwerk (1900), von dem in Deutschland 70 000 Exemplare verkauft wurden und das in fünf Sprachen erschien, einen Großerfolg, der auch auf katholischer Seite seine (reformistischen, modernistischen) Auswirkungen hatte.

124 »Bücher umgetauscht« – aus der Gefängnisbibliothek konnten die Häftlinge in Fresnes wöchentlich zwei Bücher neu ausleihen beziehungsweise die gelesenen gegen die neuen »umtauschen«; B.V. zog dieser Lektüre allerdings die von Irène oder Éveline Lot ins Gefängnis gebrachten Bücher vor.

125 Mazo de La Roche – kanadische Erfolgsautorin, deren 15-bändige Familiensaga über die Whiteoaks bis zu ihrem Tod (1961) eine Gesamtauflage von 12 Millionen Exemplaren erreichte.

126 »verschweigen« – im Französischen ist die Vergangenheitsform (participe passé) zu »verschweigen« (*taire > tu*) identisch mit dem persönlichen Fürwort der zweiten Person »du« (*tu*); ein Wortspiel, das im Deutschen nicht wiederzugeben ist.

127 Die großen Denker Indiens – Albert Schweitzer, *Les Grands penseurs de l'Inde* (Paris 1936).

128 Valéry – »Le Bois amical«, Liebesgedicht aus Paul Valéry, *Album de vers anciens* (1920); »Le Cimetière marin« (naturphilosophisches Poem aus der Sammlung *Charmes*, 1922).

129 Harnack – siehe oben (Anm.[123]).

130 Moret und Davy – siehe Alexandre Moret, Georges Davy, *Des Clans aux empires* (Paris 1923). – Xenophon, *Oikonomikós* (Lehrbuch der Hauswirtschaft, ca. 410 v.Chr.); Demosthenes, *Olynthische Reden* (Streitreden, 349 v.Chr.).

131 »das Urteil über mich« – B.V. täuscht sich über seine eigene Situation und den Verlauf der gerichtlichen Untersuchung; erst zwei Monate später (am 8. Januar 1942) wird sein Prozess beginnen.

132 *Die Propheten Israels* – B.V. irrt sich im Verfasser; bei dem Werk handelt es sich wohl um Adolphe Lods, *Les Prophètes d'Israël et les débuts du judaïsme* (Paris 1935).

133 »weiterer Brief« – dieser Brief konnte wegen seines »persönlichen Charakters« bisher nicht publiziert werden.

134 M.V. – wohl ein (bisher nicht identifizierter) Mitgefangener von B.V.

135 Granet – Marcel Granet, *La Pensée chinoise* (Paris 1934).

136 System Coué – Émile Coué (1857-1926), französischer Pädagoge, Begründer der sog. ›Ich-kann-Schule‹ und Befürworter von Autosuggestion, Bioswing u.a.m.

137 »Dostojewskij schätzte die Musik, konnte aber Mozart nicht ertragen« – hier irrt B.V.; nach dem Zeugnis verschiedener Zeitgenossen und auch seiner Frau Anna Grigorjewna Dostojewskaja wusste der Schriftsteller das Werk Mozarts hoch zu schätzen – B.V's Folgerungen sind somit hinfällig.

138 Louis Delaporte, *La Mésopotamie* (Paris 1923); Paul Claudel, *L'Annonce faite à Marie* (1912).

139 *Pilori* – in der kollaborationistischen und antisemitischen Pariser Zeitung *Au Pilori* (Am Schandpfahl) erschien am 13. November 1941 ein Hetzartikel gegen die angeblich »jüdisch-freimaurerische« Verschwörung im Musée de l'Homme; B.V. (dem der Artikel offenbar zugespielt wurde) sieht sich darin als Freimaurer qualifiziert.

140 *Signal* – illustriertes französischsprachiges Magazin, in Deutschland gedruckt und herausgegeben.

141 Paul Morand, *L'Homme pressé* (Paris 1941).

142 Pierre Benoit, *L'Île verte* (Paris 1932) – Abenteuerroman in exotischer Kulisse; dass ein mediokrer Erfolgsautor wie Benoit in die Académie française aufgenommen wird,

macht diese angesehene Institution in B.V's Augen vollends unglaubwürdig.

143 Mâyâ – vgl. oben (Anm.[60]).

144 Deutsches Tagblatt, erschien während der Besatzungszeit (1941-1944) als überregionales NS-Organ; Auflage ca. 40 000 Exemplare.

145 Brief an Irène – auch dieser Brief ist bis heute unveröffentlicht geblieben (vgl. oben, S. 13, Anm.[7]).

146 Prozess von Brest – die Mitglieder einer bretonischen Widerstandsgruppe, alle zwischen 20 und 30 Jahren alt, waren im Mai 1941 verhaftet, in Brest eingekerkert, später nach Fresnes übergeführt worden, wo sie nach einem zweiwöchigen Prozess am 10. Dezember hingerichtet wurden.

147 Montaigne – das von B.V. erwähnte Kap. XIII im 2. Buch der *Essays* ist dem »Tod des andern« (la mort d'autruy) und dessen Einschätzung gewidmet; B.V. findet darin seine eigenen diesbezüglichen Überlegungen bestätigt.

148 *Mystiker* – Jean Chuzeville (Hrsg./Übers.), *Les Mystiques allemands du XIe au XIXe siècle* (Paris 1935); Lew Tolstoj, *Auferstehung* (Résurrection) – der letzte große Roman des Autors (1899), Apologie eines gleichsam negativen, an Gerechtigkeit, Demut und Verzicht orientierten Heroismus.

149 Frankfurter Anonymus – anonymer Verfasser einer »germanischen Theologie« u.d.T. *Liber spiritualis* (14. Jh.), die u.a. auf Martin Luther stark eingewirkt hat.

150 »Rilkes französische Gedichte« – von Rainer Maria Rilke sind insgesamt drei Gedichtbücher in französischer Originalsprache erschienen (*Vergers*, 1926; *Quatrains Valaisans*, 1926; *Poèmes français*, 1944).

151 *Das alte Indien* – Paul Masson-Oursel (u.a.), *L'Inde antique et la civilisation indienne* (Paris 1933).

152 Brief an Irène – unpubliziert, vgl. oben (Anm.[145]).

## Gefängnisbriefe

0 Drei der erhaltenen Briefe von B.V. an Irène Vildé-Lot konnten bislang aus familiären Gründen (wegen ihres angeblich zu »persönlichen« Inhalts) nicht veröffentlicht werden; vgl. dazu oben, S. 13 (Anm.[7]).

1 »an Maman, an Papa und an Éveline« – B.V's Schwiegereltern (Ferdinand Lot und Myrrha Borodine) und Schwägerin (Éveline, auch Evelyne, die jüngste von drei Töchtern), bei denen er als Irènes Ehemann familiären Anschluss fand (vgl. oben, S. 187, Anm.[39]).

2 Aussage unklar; »sie« kann sich im französischen Originaltext nur auf *Probleme* beziehen.

3 »meiner Mutter und meiner Schwester« – Marija Wilde (geb. Golubewa) und Raissa Wilde, die ältere Schwester; der Vater, Wladimir Wilde, starb 1913 im Alter von 37 Jahren.

4 »für heute« – Am 23. Februar 1942, einem Montag, war Irène Vildé-Lot in der Früh nach Fresnes gekommen. Eine knappe Stunde durfte sie mit ihrem Mann verbringen. Danach wurde B.V. abgeführt. Irène sollte warten, um sich später von ihm zu verabschieden. In der Zwischenzeit informierte man B.V. darüber, dass er noch am selben Tag hingerichtet werden würde. Ohne sich etwas anmerken zu lassen, kam er zu Irène zurück und nahm Abschied von ihr. Zum Schluss bat er sie um ein paar Blätter aus ihrem Notizblock. Auf diesen Blättern schrieb er unmittelbar vor seiner Exekution den letzten Brief an sie. Irène selbst kehrte ahnungslos nach Hause zurück; erst später erfuhr sie, dass ihr Mann wenige Stunden nach ihrem Besuch im Gefängnis erschossen wurde.

5 »einige meiner Kameraden« – B.V. wurde zusammen mit sechs weiteren Häftlingen aus seiner Widerstandsgruppe – Jules Andrieu, Georges Ithier, Léon-Maurice Nord-

mann, der 19-jährige René Sénéchal, gen. »der Bengel«, der Anthropologe Anatole Lewitzky sowie der Photograph Pierre Walter – am 23. Februar 1942 um 17 Uhr auf Mont-Valérien bei Fresnes hingerichtet. B.V. wünschte zuletzt erschossen zu werden; alle Verurteilten intonierten vor ihrem Tod die Marseillaise. – Zusammen mit ihrer Schwester Éveline Lot suchte Irène Vildé am Tag nach B.V's Hinrichtung dessen Anwalt Maître Kaehling auf. Dieser berichtete ihr von der Exekution: »Ich weiß nicht, Madame, ob ihr Mann gläubig war, aber sein Sterben hatte etwas durchaus Positives.« Danach besuchte sie Herrn Pfarrer Stock, den deutschen Gefängnisseelsorger in Fresnes, der den Opfern bis zum letzten Augenblick beigestanden hatte. Nach dem Zeugnis des Pfarrers soll B.V. auf dem Transport von Fresnes zum Mont-Valérien erklärt haben: »Ich habe keine Furcht. Ich will dem Tod ins Auge sehen.« Und auch: »Was ist der Tod? Ein kleiner Steg, den man zu überqueren hat.« Abbé Stocks Kommentar: »Ich habe so manche Menschen dieser Art gesehen. Die Franzosen sterben gut, doch niemals habe ich jemanden so sterben sehen wie diese sieben.« (Nach Martin Blumenson, *The Vildé Affair*, Boston 1977) – Für die drei in den Prozess involvierten Frauen – Yvonne Oddon, Sylvette Leleu, Alice Simonnet – wurde das Todesurteil umgewandelt in Zwangsarbeit mit Deportation in verschiedene deutsche Konzentrationslager.

6 *swerik* – russisch (korrekt: *swerok* oder *swerjok*) für »Tierchen«, auch »Wildfang«.

*Widerstand* aus der Zeitschrift *Résistance*

1 Bei dem vorliegenden Text handelt es sich um das Editorial zur ersten Ausgabe der unter deutscher Besetzung illegal in Paris hergestellten und verbreiteten Zeitung *Résistance* (Widerstand), die Mitte Dezember 1940 in ca. 500-600 Exemplaren ausgeliefert wurde; vier weitere Ausgaben werden bis zum Frühjahr 1942 folgen. Als Zeitungstitel hatte Boris Vildé zunächst *Libération* (Befreiung) angedacht, doch wurde in der Folge der Vorschlag von Yvonne Oddon – *Résistance* (nach einer Mauerinschrift gefangener Frauen aus dem 17. Jahrhundert) – übernommen. Zu den Animatoren der *Résistance* gehörten außer B.V. die Literaten Jean Paulhan und Jean Cassou sowie Agnès Humbert, Marcel Abraham, Claude Aveline u.a.m. Letzterer hat kurz nach dem Krieg B.V's alleinige Autorschaft am Editorial bestätigt: »Es wurde uns fertig zugestellt. Und es ist *gut*.« (F. Ph. I.)

*Zeugnisse & Dokumente N° 07*

Erste Auflage Berlin 2012



Druck und Bindung: Friedrich Pustet, Regensburg

ISBN 978-3-88221-598-4

*www.matthes-seitz-berlin.de*

# WARLAM SCHALAMOW
# BEI MATTHES & SEITZ BERLIN

*»Es geht ohne Schalamow überhaupt nicht.«*

Karl Schlögel

**»Durch den Schnee«**
**Erzählungen aus Kolyma 1**

342 Seiten, gebunden mit Schutzumschlag
Aus dem Russischen von Gabriele Leupold.
Herausgegeben und mit Anmerkungen versehen von Franziska Thun-Hohenstein.
ISBN: 978-3-88221-600-4

**»Linkes Ufer«**
**Erzählungen aus Kolyma 2**

320 Seiten, gebunden mit Schutzumschlag
Aus dem Russischen von Gabriele Leupold.
Herausgegeben und mit Anmerkungen versehen von Franziska Thun-Hohenstein.
ISBN: 978-3-88221-601-1

**»Künstler der Schaufel«**
**Erzählungen aus Kolyma 3**

603 Seiten, gebunden mit Schutzumschlag
Aus dem Russischen von Gabriele Leupold. Mit einem Nachwort von Michail Ryklin
ISBN: 978-3-88221-602-8

# WARLAM SCHALAMOW BEI MATTHES & SEITZ BERLIN

*»Eines der berührendsten literarischen Meisterwerke des 20. Jahrhunderts.«* Iris Radisch

**»Die Auferweckung der Lärche«**
**Erzählungen aus Kolyma 4**

664 Seiten, gebunden mit Schutzumschlag
Aus dem Russischen von Gabriele Leupold.
Herausgegeben und mit Anmerkungen versehen von Franziska Thun-Hohenstein.
ISBN: 978-3-88221-502-1

**Über Prosa**

144 Seiten, Klappenbroschur
Mit einem Nachwort von Jörg Drews.
Aus dem Russischen von Gabriele Leupold.
Herausgegeben von Franziska Thun-Hohenstein.
ISBN: 978-3-88221-642-4

*»Schalamow ist längst zu einem Dante des 20. Jahrhunderts geworden. Wer glaubt, das Inferno bereits zu kennen, muss irren. Was der Dichter in einer gewaltigen Gedächtnisleistung in den ›Erzählungen aus Kolyma‹ versammelt, ist nicht weniger als die Enzyklopädie des Menschlichen und des Unmenschlichen.«* Ralph Dutli